*für*

*Wendelin, Oliver, Franziskus, Johanna und Sophie*

*Bibliothèque nationale de Luxembourg – CIP Einheitsaufnahme*
*WEIHNACHTEN – Dekorieren · Schenken · Feiern – Brigitte von Boch*
*2. Auflage*

*OvB Publishing, Luxembourg 1998*
*ISBN 2-919918-00-1*
*Druck: Bliesdruckerei P. Jung GmbH*

BRIGITTE von BOCH

# WEIHNACHTEN

## Dekorieren · Schenken · Feiern

*Photographie: Martin Wolf*
*Photostyling: Franz-Joseph Wein*
*Textredaktion: Annette Hübschen*

# EIN BUCH

Eine ganz große Leidenschaft von mir ist das Einrichten, Dekorieren, Kochen und das Gärtnern. Von meinem Sohn kam die Anregung, meine Erfahrungen auf diesen Gebieten in einem Buch festzuhalten. Ich habe, durch die Begeisterung meiner Familie und Freunde motiviert, zugestimmt und hoffe, ein wenig von der Freude, die ich selbst dabei empfinde, an meine Leserinnen und Leser weitergeben zu können.

Innerhalb kürzester Zeit fanden wir Menschen, die von der Idee genauso überzeugt waren wie wir. Mit ihnen haben wir die Konzeption zu diesem Buch entworfen. Um dieses Buch zu produzieren, hat mein Sohn eigens einen Verlag gegründet.

Es gibt viele Personen, denen ich dieses Buch verdanke, nicht zuletzt meinem Mann, der immer an mich und meine Ideen und Projekte glaubt und mich unterstützt. Besonders möchte ich aber unserem Stylisten Franz-Joseph Wein und unserem Photographen Martin Wolf danken. Ohne die beiden wären diese Bilder nicht möglich gewesen.

Franz-Joseph Wein arbeitet seit Jahren mit mir zusammen, und dies ist die Essenz unserer Zusammenarbeit. Martin Wolf habe ich erst bei dieser Produktion kennengelernt, aber wir haben uns auf Anhieb gut verstanden. In grafischen Fragen hat uns der bekannte Hamburger Designer Peter Schmidt beraten. Auch er hat von Anfang an an dieses Buch geglaubt.

Ein herzliches Dankeschön an Frau Annette Hübschen für die Textredaktion.

Ein ganz besonder Dank gilt auch meinen Mitarbeiterinnen, die mit mir zu Hause arbeiten: Dorothy, unserer schottischen Nanny, die seit zwanzig Jahren bei uns ist, Lucy, unserem Hausmädchen, sowie Hans, dem Gärtner. Sie alle haben bei den Photoarbeiten mitgeholfen.

Meinen Mitarbeitern in meinem Hotel am Linslerhof, besonders Frau Bantle und unserem Koch Rudi gilt mein Dank. Sie haben mir den Rücken freigehalten für die Arbeit an diesem Projekt.

Meiner Schneiderin Frau Konrad, Herrn Hoyer, Herrn Walinsky, meiner Freundin Minki Wilms, meiner lieben Verwandten Margaritha von Boch, ihren Kindern, meinen Kindern, Dina, und allen anderen, die direkt und indirekt an diesem Buch mitgearbeitet haben, möchte ich herzlich danken.

# DIE WEIHNACHTSVORBEREITUNGEN

*Die Zeit vor Weihnachten ist angefüllt mit Einkäufen, dem Dekorieren des Hauses, dem Geschenkeverpacken und vielen anderen Vorbereitungen.*
*Da bedarf es einer überlegten Planung, damit genügend Zeit für besinnliche Stunden übrigbleibt.*
*In der folgenden Übersicht finden Sie einige Anregungen für Ihre Planung der Vorweihnachtszeit.*

## *Oktober*

Wenn die Amaryllis jetzt eingepflanzt wird, blüht sie in der Adventszeit.

## *November*

Jetzt beginnen die ersten Vorbereitungen für die weihnachtliche Dekoration. Nach dem ersten Frost können bei einem Waldspaziergang Zapfen, Zweige, Moose, Flechten und Beeren gesammelt werden.

Bis zum ersten Adventssonntag sollte der Schmuck des Hauses fertiggestellt sein.

Der Christmas-Cake sollte bereits jetzt gebacken werden.
So kann er sein volles Aroma bis Weihnachten entfalten.

## *4 Wochen vor dem Fest*

Am 4. Dezember werden die Barbarazweige geschnitten.

Die Weihnachtsgeschenke sollten spätestens in dieser Woche eingekauft oder gebastelt werden.

## *3 Wochen vor dem Fest*

Jetzt ist ein guter Zeitpunkt, um Freunde zu einem Adventspunsch einzuladen.

Die Weihnachtskarten basteln oder einkaufen.

Die Besuche und Unternehmungen an den Festtagen sowie die Menüs sollten geplant werden.

## *2 Wochen vor dem Fest*

Weihnachtskarten schreiben und verschicken.

Vorbereitungen für den Einkauf des Christbaumes. (Die Maße des Zimmers und des Baumständers bereitlegen.)

Den Christstollen backen.
Nach etwa einer Woche Lagerung schmeckt er am besten.

Geschenke verpacken.

Einkaufsliste für die Feiertage erstellen.

Planung der Tischdekoration.

Lebensmittel für die Festtage beim Händler bestellen.

## *1 Woche vor dem Fest*

Die letzten Geschenke einkaufen und verpacken.

Den Christbaum kaufen und auf der Terrasse oder dem Balkon lagern.

Die Dekoration für die Festtage ergänzen.

Alle Lebensmittel einkaufen.

Den Christbaum ins Haus holen und schmücken.

# WEIHNACHTEN

ist für mich die Zeit der Familie. Die Tage des Advents bis Heiligabend sind von Erinnerungen an meine Kindheit geprägt, an meine Großmutter, die mit ihren wunderbaren Geschichten, Bäckereien, Basteleien und dem Duft von Bratäpfeln das Haus in eine himmelsnahe Werkstatt verwandelte. Ich habe versucht, dies alles in meiner Familie zu erhalten.

Besonders freut es mich, daß das Weihnachtsfest eine Möglichkeit für alle Familienmitglieder bietet, ein paar Tage ohne Streß und Termine miteinander verbringen zu können. Ab dem 20. Dezember treffen nach und nach unsere Kinder zu Hause ein. Überall beginnt dann ein emsiges Arbeiten, denn letzte Vorbereitungen für das Fest müssen noch getroffen werden. Gemeinsam durchsucht die junge Generation unsere Weihnachtskiste, dann wird der Christbaum geschmückt. Am Heiligabend, nach dem Besuch der Kirche, folgt die Bescherung. Dazu haben wir ein besonderes Ritual entwickelt: Einer tritt vor, nimmt sich ein Geschenk und liest die dazuzugehörige Weihnachtskarte vor. Dann packt der Beschenkte das Päckchen aus. Das Abendessen wird aufgetragen, wenn jeder seine Geschenke erhalten hat. An den folgenden Festtagen legen wir viel Wert auf gemeinsame Spaziergänge und Unternehmungen, und am zweiten Weihnachtstag laden wir schon seit mehreren Jahren Freunde und Verwandte zu einem Weihnachtsbrunch ein.

Viele weihnachtliche Traditionen, die auch in unserer Familie einen festen Platz haben, gehen auf die Entstehungsgeschichte des Weihnachtsfestes zurück. In den ersten zwei Jahrhunderten nach Christi Geburt feierten die Christen die Auferstehung Jesu an Ostern, schenkten aber dem Tag seiner Geburt zunächst keine besondere Beachtung. Da nach einer im römischen Reich verbreiteten Sitte die Geburtstage aller bedeutenden Männer gefeiert wurden, begannen die Christen, auch den Geburtstag Jesu festlich zu gestalten.

*Eugen von Boch am Weihnachtsmorgen 1892 vor der Mettlacher Abtei.*

Natürlich war zu diesem Zeitpunkt längst nicht mehr festzustellen, an welchem Tag Jesus genau geboren worden war.

*Wintermorgen am Mettlacher Weiher, Stimmungsbild aus der Jahrhundertwende.*

Die Entstehungsgeschichte des Weihnachtsfestes ist im einzelnen weitgehend ungeklärt. Sicher ist, daß Christi Geburtstag auf den Tag festgelegt wurde, an dem die Römer das Fest der Wintersonnenwende feierten.

Für das Christentum war es weder in Rom noch in den germanischen Regionen einfach, sich gegen die heidnischen Bräuche durchzusetzen. Die Menschen wollten sich ihre Feiern und liebgewonnenen Gewohnheiten nicht nehmen lassen.

So blieb den christlichen Missionaren nichts anderes übrig, als die regionalen Termine beizubehalten und den alten Festen einen neuen Sinn zu geben. In den heute von uns gepflegten Weihnachtsbräuchen vermischen sich römische und germanische Sitten mit verschiedenen aus der christlichen Lehre abgeleiteten Symbolen. Das deutsche Wort Weihnachten (von altdeutsch ze wihen nahten = in geweihten Nächten) weist zurück auf das germanische Julfest. Das Weihnachtsfest wurde erstmals in Rom begangen, ungefähr im Jahre 325. Mit seiner Botschaft "Christus allein ist Sonne und Licht" diente das Fest vor allem auch zur Siegesfeier des christlichen Glaubens über die heidnischen Götter.

Weihnachten blieb lange ein fröhliches, ausgelassenes Fest, das außerhalb des Hauses gemeinschaftlich gefeiert wurde. Der Rückzug in den familiären Kreis und die Umwandlung zur "Stillen Nacht" erfolgte erst in den vergangenen 200 Jahren.

In anderen Ländern sind die Feste häufig lauter und fröhlicher als wir sie heute bei uns kennen. So wird in Italien am 26. Dezember Weihnachten mit einem großen Festessen gefeiert.

*Mitglieder der Familie von Boch und Freunde beim Wintersport zur Weihnachtszeit, um 1900.*

*Bild rechte Seite: Winterstimmung im Brittener Wald, fotografiert von Monika von Boch.*

Die Kinder werden aber erst am 6. Januar beschenkt, und zwar durch ein altes Weiblein, die Befana. Eine Sage erzählt, daß die alte Frau vor lauter Hausputz keine Zeit fand, den drei Weisen den Weg nach Bethlehem zu zeigen, als diese auf der Reise an ihre Tür klopften. Zur Strafe wurde sie in eine Hexe verwandelt, die den Kindern, stellvertretend für das Christkind, die Gaben bringt.

Um sie milde zu stimmen, singen ihr am Vorabend des sechsten Januars Straßenmusikanten die "Befanata".

"Felices Navidades" heißt es in Spanien. Der spanische Weihnachtsmann, der heilige Balthasar, geht am Heiligen Abend von Haus zu Haus und gibt jedem Kind einen Kuß. Hinterläßt sein Kuß auf der Kinderwange einen schwarzen Fleck, so bedeutet das, daß Balthasar zwölf Nächte später, also am Dreikönigstag, etwas besonders Schönes bringt.

Die schwedischen Kinder bekommen ihre Geschenke vom "Tomte", der sie ihnen gut verpackt und verschnürt durch die dafür kaum spaltbreit geöffnete Tür wirft. Auf dem Lande dürfen die Kinder früh am Morgen des ersten Feiertages mit ihren Eltern im Schlitten zur Kirche fahren. Die Älteren stehen dabei mit einer brennenden Pechfackel auf den hinteren Schlittenkufen. Vor der Kirche angekommen, werden alle Fackeln zu einem großen Feuerstoß zusammengeworfen.

"Father Christmas" schlüpft am Heiligen Abend in England durch den Kamin und füllt die dort aufgehängten Strümpfe. Erst am ersten Feiertag dürfen die Kinder nachschauen. Es folgen die Festtage mit Familienessen und Partys. An der Decke oder unter der Tür hängt der schon den Druiden heilige Mistelzweig, unter dem man sich küssen darf.

# DER ADVENT

Vorfreude ist oftmals die schönste Freude. Die Zeit des Advents ist geprägt von der freudigen Erwartung des Weihnachtsfestes. Vor der früh hereinbrechenden Dunkelheit ziehen wir uns gerne ins Haus zurück, um die langen gemütlichen Winterabende im Kreise der Familie zu verbringen. Das große Fest rückt indessen von Woche zu Woche näher.

Im festlich geschmückten Haus spiegelt sich die Weihnachtserwartung und zugleich die menschliche Sehnsucht nach Licht. Die besinnliche Atmosphäre wird verstärkt durch eine ruhige und zurückhaltende Dekoration. Tannenzweige, Ilex und andere immergrüne Pflanzen bilden die Grundlage für die Kränze und Gestecke. Auf Schnittblumen wird in der Adventszeit gemeinhin verzichtet. Der Duft von Tannenzweigen, Weihnachtsgebäck und Gewürzen erfüllt nach und nach alle Räume und Sinne. Da wir uns in der Winterzeit gerne und lange zu Hause aufhalten und uns dort wohlfühlen wollen, bereitet uns der festliche Schmuck des Hauses eine besondere Freude.

Im Brauchtum der Adventszeit verschmelzen heidnische und frühchristliche Einflüsse. Ursprünglich feierten unsere heidnischen Vorfahren diese Zeit als Wintersonnenwende. Mit diesem Fest verbanden sie die freudige Erwartung des wiederaufsteigenden Lichtes und des Erwachens der Natur, mit der sie sich eng verbunden fühlten. Schon damals nahmen sie immergrüne Zweige mit in die Häuser.

*Nach heidnischem Glauben wehren Misteln Böses ab und haben eine heilkräftige Wirkung.*

Erste Spuren der Adventszeit finden sich im Abendland um 680 nach Christi. Bereits um diese Zeit mahnten Prediger die Menschen dazu, sich in geeigneter Weise auf Weihnachten vorzubereiten.

Die Dauer der Adventszeit war zunächst sehr unterschiedlich. Sie pendelte zwischen zwei und sieben Sonntagen. Erst Gregor der Große legte im 7. Jahrhundert die Adventszeit auf vier Sonntage fest. Seither schließen sie für uns alle das Tor zur Weihnachtszeit auf.

*Adventszeit - Zeit der Weihnachtsbäckerei*

Der Brauch, in der Vorweihnachtszeit haltbare Köstlichkeiten herzustellen, ist schon sehr alt. Früher wurden in dieser Zeit große Vorräte angelegt, denn es war streng verboten, in den Tagen und Nächten zwischen Weihnachten und dem Dreikönigstag zu arbeiten. Dieses Verbot geht auf eine heidnische, vorchristliche Überlieferung zurück. Nach dem Volksglauben kämpfen von der Wintersonnenwende an die alten Geister und Götter gegen den Sieg des Lichtes, bis in der Dreikönigsnacht ihre Macht gebrochen wird.

In der Zeit vor Weihnachten wurden so viele Vorräte angelegt, daß oft erst zu Ostern die letzten Stücke verzehrt wurden. So haben sich besonders solche Rezepte durchgesetzt, deren Ergebnisse eine lange Haltbarkeit versprachen. Schon 1474 wurden Christstollen oder Striezl als lohnende Handelsobjekte für Sachsen und Thüringen genannt.

*Ohne die geliebten Plätzchen wäre Weihnachten nur halb so schön.*

Noch älter sind die von Mönchen erfundenen Nürnberger Lebkuchen, von denen schon im Jahr 1300 berichtet wird. Die Lebkuchen, für die die Gewürze eigens aus Venedig bezogen wurden, galten anfangs als Medizin, wurden aber sehr bald als Backwerk gemeinhin geschätzt. In späteren Jahren verzierten die Lebkuchenfabrikanten sie mit bunten Bildchen und Versen. In den Familien wurden die Lebkuchen mit Messern aus dem Teig geschnitten und liebevoll verziert. Nach altem Glauben wurden Sinnbilder aus dem Lebkuchen gebacken. Ein Lebkuchenmann für das junge Mädchen oder ein Wickelkind für die junge Frau. Der Beschenkte mußte das Sinnbild dann verzehren. Das sollte ihm Glück und die Erfüllung seiner Wünsche bringen.

Ohne Vanillekipferl, Zimtsterne, Lebkuchen und Christstollen wäre Weihnachten nur halb so schön. Viele Rezepte für die Klassiker der Weihnachtsbäckerei haben sich mit der Zeit verändert. Teilweise haben sich ganz verschiedene Zubereitungsarten entwickelt. Im Kapitel Geschenke stelle ich Ihnen Rezepte vor, die einfach nachzubacken sind und immer gut gelingen.

*Ein Schneemann, der die Wärme nicht fürchten muß: gebastelt aus Pappkarton und aufgeklebtem Stroh.*

*Eine schöne Dekoration: aus Paranüssen gesteckte Bäume.*

*Überall im Haus verteilter weihnachtlicher Schmuck stimmt auf das kommende Fest ein.*

## *Der Adventskalender*

Der Adventskalender steigert an 24 erwartungsvollen Tagen die Vorfreude auf das Weihnachtsfest. Der für die Kinder heute unentbehrliche Zeitmesser hat sich aus den Werken eines Malers des 15. Jahrhunderts entwickelt. Diese Kunstbilder waren aber nicht für die Kinder gedacht, sondern wurden im Auftrag wohlhabender Familien gemalt. Hinter den Papierklappfenstern der ersten Adventskalender, die ab 1903 gedruckt wurden, fanden sich beziehungsreiche Bilder zum christlichen Weihnachtsgeschehen.

Heute freuen sich die Kinder besonders über selbstgemachte Adventskalender, die für jeden der 24 Tage eine Überraschung bereithalten. Sie werden genäht, gebacken oder setzen sich aus den verschiedensten Päckchen zusammen.

Ein schöner Brauch besteht auch darin, eine Goldnußkette aus 24 Nüssen zu basteln. Dazu werden die Nüsse mit einem Messer an den Nähten vorsichtig geöffnet. Die ausgehöhlten Schalen werden außen vergoldet und innen rot oder grün angemalt und mit winzigen Überraschungen gefüllt. Dann werden je zwei passende Schalen auf ein schmales Band geklebt. So entsteht eine lange goldene Kette, die Tag für Tag, wenn die Kinder eine Goldnuß nach der anderen öffnen, kürzer wird.

*Kiefern- und Tannenzapfen*
*öffnen ihre Schuppen,*
*wenn sie nach dem*
*Sammeln auf einen*
*Heizkörper gelegt werden.*

# DER KRANZ

Der Adventskranz ist hauptsächlich im deutschsprachigen Raum bekannt. Obwohl er erst in diesem Jahrhundert allgemeine Verbreitung fand, gehört er für uns untrennbar zur Adventszeit. Wir sehen in ihm ein Symbol für das wachsende Licht in einer dunklen Zeit. Kränze als Sonnensymbol und als Türschmuck hingegen sind in vielen Ländern zu finden.

Adventskränze dienen als jahreszeitlich variierter Schmuck für Türen und Fenster. Erst durch die auf dem Kranz in gleichem Abstand zueinander plazierten Kerzen wird er zum Symbol des Advents. Die Geschichte des Adventskranzes begann in einem Waisenhaus in Hamburg, das der evangelische Pfarrer Johann Hinrich Wichern Ende des 19. Jahrhunderts gegründet hatte. In diesem Haus fand im Advent an jedem Abend eine Andacht statt. Den Mittelpunkt der Feier bildete ein großer Holzreifen, auf dem 24 Kerzen standen. Die Heimbewohner hatten diesen Reifen mit Tannenzweigen geschmückt und an einem Kronleuchter befestigt. Die Kerzen unterschieden sich in der Farbe, je nachdem, ob sie für einen Adventswerktag oder einen Adventssonntag standen. Jeden Abend wurde eine weitere der Kerzen angezündet, bis dann an Weihnachten alle 24 Kerzen brannten.

Den Besuchern des Heimes gefiel der Kranz so gut, daß sie ihn zu Hause nachempfanden. Da sie zumeist keinen ausreichenden Platz für 24 Kerzen zur Verfügung hatten, stellten sie einen kleineren Kranz auf. So entstand der Adventskranz, der mit vier Kerzen, eine für jeden Adventssonntag, geschmückt ist. Erst in der Zeit des Zweiten Weltkrieges verbreitete er sich im gesamten deutschsprachigen Raum und wurde auch in katholischen Regionen zu einem nicht mehr wegzudenkenden Bestandteil der Adventsbräuche.

**Kränze binden**

*Was wird benötigt:*
Ein Metallring, Wickeldraht, eine Schere, starker Steckdraht, 4 Kerzen, Tannen-, Koniferen-, Ilexzweige etc., Zapfen

*1. Schritt:*
Um eine stabile Unterlage für den Kranz zu erhalten, werden die Tannenzweige auf den Metallring gelegt und mit Wickeldraht umwunden.

*2. Schritt:*
Als nächstes sind die zurechtgeschnittenen Zweige und Zapfen mittels des Wickeldrahtes aufzubinden.

*3. Schritt:*
Wenn der Anfangspunkt des Kranzes wieder erreicht ist, müssen die bereits gebundenen Zweige vorsichtig angehoben und die letzten Zweige so eingebunden werden, daß kein Anfangs- oder Endpunkt mehr zu sehen ist.

*4. Schritt:*
Anschließend können die Kerzen auf dem Kranz befestigt werden. Hierzu werden etwa 15 cm lange Steckdrahtstücke an ihren Spitzen über einer Kerzenflamme erhitzt. Die noch heißen Drahtenden können dann leicht in die Kerzenunterseite eingesteckt werden. Pro Kerze benötigen Sie mindestens drei Drähte, die auf die nötige Länge zu kürzen sind.

*5. Schritt:*
Zuletzt werden die mit Drähten versehenen Kerzen auf den gebundenen Kranz gesteckt.

Aus seiner heidnischen Tradition heraus findet sich ein Kranz häufig an der Eingangstür, wo er Glück- und Segenswünsche für die Besucher des Hauses übermittelt. Ein anderer, sehr beliebter Befestigungsort war und ist das Fensterkreuz.

*Der Kranz am Fensterkreuz bewahrt nach heidnischer Tradition das Haus und seine Bewohner vor bösen Geistern.*

Das Kreuz steht in seiner heidnischen Bedeutung als Symbol für die vier Elemente, Luft, Wasser, Erde und Feuer. Der Kranz, in der Mitte des Fensterkreuzes befestigt, verbindet die vier Elemente. Nach heidnischem Glauben kann das Böse durch Türen und Fenster nicht hineinkommen, wenn diese durch Kränze geschützt sind.

Zur Herstellung von Kränzen eignen sich alle Materialien, die, wie im Kapitel Advent beschrieben, auch ohne Wasser längere Zeit haltbar sind. Die Verwendung von Ilex und Mistelzweigen empfiehlt sich besonders für außerhalb des Hauses befestigte Kränze, da sie durch die Wärme im Haus schnell unansehnlich werden. Buchsbaum und Tannenzweige eignen sich sehr gut für das Binden des Kranzes; Moose, Zapfen, Efeublätter, Feuerdorn und Wacholder bieten sich beispielsweise für die Dekoration an.

# DIE GIRLANDE

Die Girlande ist für mich ein wichtiges Element der weihnachtlichen Dekoration. Sie eignet sich zum Beispiel als ein an der Haustür angebrachter, weihnachtlicher Willkommensgruß für Hausbewohner und Gäste oder, geschmückt mit gezuckerten Rosen, als elegante Tischdekoration.

Die Tradition, mit Girlanden das Haus zu schmücken, geht auf einen Brauch der Römer zurück. Überall dort, wo die Römer ihren Aufenthaltsort hatten, haben die Menschen diesen dekorativen Schmuck übernommen. Als Schmuck am Kamin sind die Girlanden besonders in England und Amerika sehr beliebt. Hier bereiten sie einen angemessenen Empfang für den Nikolaus oder Knecht Ruprecht, der, so glauben dort die Kinder, die Geschenke des Nachts durch den Kamin ins Haus bringt.

Die Girlanden finden an sehr vielen verschiedenen Stellen als schmückendes Element Verwendung. Sie können beispielsweise aufgehängt, gelegt oder um einen Kerzenständer oder ähnliches gewunden werden. Viele Zutaten aus Wald und Garten bieten sich als Materialien zum Binden der Girlande an. Buchsbaum eignet sich besonders gut, da er sich lange hält und im Gegensatz zu Tannenzweigen nicht nadelt. Durch die Kombination des Immergrüns mit Schleifen, Zapfen, Kugeln und anderen dekorativen Elementen ergibt sich ein festlicher Schmuck.

**Gezuckertes Obst**

*Was wird benötigt?*
mehrere Äpfel und Birnen, 200 - 400 g Zucker, 1-2 Eiweiß, eine kleine Schüssel, ein Glas, 1 Pinsel

*1. Schritt*
Das Ei trennen, das Eiweiß in ein Glas geben und den Zucker in die Schüssel füllen.

*2. Schritt*
Mit dem Pinsel das Eiweiß rundherum auf das Obst streichen.

*3. Schritt*
Das Obst im Zucker wälzen, herausnehmen und den Zucker antrocknen lassen.

Mit dieser Technik können auch Rosen konserviert werden. Das Obst und die Rosen sind ein attraktiver Blickfang in Girlanden, Kränzen und am Weihnachtsbaum.

# DIE GEFÄSSE

Die Adventssträuße mit dickem dunklem Tannengrün in handfesten Krügen zaubern weihnachtliche Stimmung ins ganze Haus. Als Vorboten wecken sie die Freude auf den strahlenden Lichterbaum. Mit blitzenden Kugeln, Schleifen und vielleicht auch schon einer Kerze deuten sie etwas von der Pracht an, die uns an den Festtagen bevorsteht.

*In der Adventszeit füllen sich die Vasen mit immergrünen Zweigen, Christrosen, Misteln und vielem mehr.*

Zu den ersten weihnachtlichen Dekorationsstücken gehören Adventssträuße und Gebinde. Gegenüber dem Adventskranz und der Girlande bieten sie den Vorteil, auch Pflanzen zu integrieren, die sich ohne Wasser nicht sehr lange halten. Der Phantasie für die unterschiedlichsten Pflanzenarrangements sind also keine Grenzen gesetzt. Ebenso steht es mit der Auswahl der Gefäße. Hier kann alles zum Einsatz kommen, was das ganze Jahr über im Haushalt genutzt wird. Einfache Tontöpfe können mit einer immergrünen Hülle geschmückt, lackiert oder bemalt werden.

Auch schöne Vasen, Schalen, Sektkübel oder ähnliches können die Gestecke aufnehmen. Im Handel finden sich gerade zur Weihnachtszeit eine sehr große Auswahl an Tontöpfen und Schalen. Viele denken bei einer weihnachtlichen Dekoration an die klassische Farbkombination rot-grün. Diese Farbzusammenstellung eröffnet viele Variationsmöglichkeiten und ist alles andere als langweilig. Wer es aber lieber elegant und feierlich mag, sollte sich an Licht, Glanz und hellen Farben orientieren. Eine sehr romantische und schöne Farbzusammenstellung ist zum Beispiel Champagner und Gold.

*Sie kündigen den Christbaum an: kleine Bäume in Kegel- oder Pyramidenform.*

Ein Waldspaziergang, vielleicht mit der ganzen Familie, bietet zahlreiche Ideen und Anregungen für die Dekoration des Hauses. Flechten, Moose, Beeren, Efeu, Zapfen und vieles mehr kann gesammelt und für den Schmuck des Hauses verwendet werden. Auf den Weihnachtsmärkten und im Blumengeschäft finden sich Tannenzweige, Ilex, Buchsbaum, Misteln und die klassischen Christrosen.

Wird zu Hause auf einem Tisch der in Wald, Garten und Geschäften gesammelte und erstandene Dekorationsschatz ausgebreitet, finden sich schnell schöne Kombinationsideen für die Gestaltung eines individuellen Weihnachtsschmuckes.

*In Silicagel gelegte Rosen trocknen binnen weniger Tage und bewahren ihre natürliche Farbe und Form.*

*Die Amaryllis*

Die rote Amaryllis bietet sich an für eine elegante Dekoration in den klassischen Farben rot-grün. Schön ist es auch, Anfang Oktober Amarylliszwiebeln zu setzen, die dann ungefähr Anfang Dezember zu blühen beginnen.

Sie sollten in einen geräumigen Topf mit Blumenerde gepflanzt werden und an einer hellen und warmen Stelle stehen. Besonders gut eignet sich dazu das Fensterbrett über der Heizung. Bis zum Erscheinen des Blütenschafts und der Blätter wird die Erde nur gerade etwas feucht gehalten. Erst danach wird die Pflanze stärker gegossen. Sobald die Pflanze aufblüht, sollte sie, damit sich die Blüte länger hält, an einen etwas kühleren Ort gestellt werden. In der Adventszeit kann der Tontopf, in der die Amaryllis wächst, beispielsweise mit Moos beklebt und mit einem roten Band geschmückt werden.

*Gestecke mit Kerzen*

Kleine Gestecke mit einer Kerze in der Mitte wirken sehr stimmungsvoll. Ein Tontopf wird hierfür mit gewässerter Feuchtsteckmasse gefüllt. Um die Kerze herum können außer immergrünen Zweigen auch Efeu, Eukalyptusfrüchte oder Wacholder arrangiert werden. Zimtstangen, Lychees, Nüsse oder kleine Zapfen können die Dekoration ergänzen.

*Weihnachtsstimmung stellt sich auch ohne ein aufwendiges Arrangement ein. Mistelzweige in einer schönen Schale, große Christbaumkugeln und Kerzenlicht genügen.*

*"Weihnachtsbäumchen"*

Kleine Bäume wirken besonders schön in einem dekorativen Übertopf. Es bieten sich kleine Tannenbäume oder kleine Buchsbaumsträucher an, die in der Weihnachtszeit die Wohnung schmücken und später in den Garten gepflanzt werden können. Eine andere Möglichkeit besteht darin, selbst ein Bäumchen zu stecken ausgehend von einer Kugel oder einem Kegel aus Steckmasse, welche mit Hühnerdraht überzogen werden.

Den Stamm des Bäumchens kann ein starker Zweig darstellen, der die Steckmasse trägt, diese sollte sich zunächst über Nacht mit Wasser vollsaugen. Am nächsten Tag wird sie mit Hühnerdraht überzogen und dicht an dicht mit Ilex-, Tannen-, Thuja- oder Buchsbaum-Grün besteckt. Lediglich die Triebspitzen sollten benutzt werden. Falls nötig können sie mit Blumendraht verlängert werden.

Zusätzlich können die Bäumchen mit Beeren geschmückt werden. Als Bodendecker kann Moos die Oberfläche des Topfes bedecken. Sehr schön wirkt es, wenn in verschiedenen Formen gesteckte Bäume zusammen aufgestellt werden. Um die Steckmasse feucht zu halten, empfiehlt es sich, die Bäumchen mit einer Blumenspritze zu besprühen.

*Windlichter*

Eine schöne Stimmung ergibt sich durch das Aufstellen von Windlichtern. Die verschiedensten Gefäße können ein Teelicht aufnehmen und im Raum verteilt werden. Egal ob in einem Regal, auf dem Tisch oder auf der Fensterbank plaziert: Sie verbreiten ein warmes Licht, das die weihnachtliche Dekoration noch stimmungsvoller aussehen läßt.

*Die weihnachtliche Gefäßdekoration*

Kurz vor den Festtagen wird die Dekoration ergänzt und umgestaltet. Der Gesamteindruck wird festlicher, auch frische Blumen kommen jetzt wieder zum Einsatz. Abgestimmt auf die geplante Tischdekoration halten neue Farben Einzug in die Sträuße und Gestecke. Bei der Auswahl der Blumen sollte daran gedacht werden, daß die in den Gegenden um den Äquator beheimateten Blumenarten, wie zum Beispiel Orchideen, jetzt besonders schön blühen.

## Flechtentopf

*Was wird benötigt?*
ein wasserdichter Tontopf, Flechten, Klebepistole

*1. Schritt*
Die Flechten aussortieren und noch vorhandene Rindenreste, Erde oder ähnliches entfernen.

*2. Schritt*
Die Flechtenteile mit der erdigen Seite an den Topf kleben.

Statt der Flechtenteile können natürlich auch andere Materialien benutzt werden. Eine Alternative ist beispielsweise das Bekleben mit Moos. Als dekorativer Abschluß kann am oberen Rand ein Efeuzweig um den Topf gewunden werden, oder er wird mit einem Band geschmückt.

Zu dem silbrig glänzenden Flechtentopf paßt ein Gesteck besonders gut, das mit silbernen Schleifen, Kugeln oder ähnlichem den Glanz des Topfes widerspiegelt.

### Tannentopf

*Was wird benötigt?*
ein wasserdichter Tontopf, Tannenzweige, Satinband, Wickeldraht, Bandschere, Gartenschere

*1. Schritt*
Den Wickeldraht einmal ganz fest um den Topf binden und festziehen.

*2. Schritt*
Die Tannenzweige in einer Reihe sehr dicht mit dem Wickeldraht an den Topf binden.

*3. Schritt*
Mit der Gartenschere die Tannen gleichmäßig am Topfboden abschneiden.

*4. Schritt*
Mit dem Satinband den Wickeldraht verdecken und zu einer Schleife zusammenbinden.

Beim Festbinden der Tannenzweige an den Topf sollte darauf geachtet werden, daß der Wickeldraht immer in der gleichen Höhe am Topf bleibt, damit er von dem Band gut verdeckt werden kann. Falls möglich, benutzen Sie grünen Wickeldraht, da er doch einmal unter dem Band hervorschauen könnte.

Ein schöner Kontrast zu dem grünen Tannentopf entsteht durch die Bepflanzung mit einer roten Amaryllis oder einem Weihnachtsstern. Auch ein in den klassischen Weihnachtsfarben Rot und Grün gehaltener Strauß wirkt in diesem Topf sehr dekorativ.

## Mit Filz bezogener Topf

Zur Herstellung des folgenden Gefäßes ist es besonders wichtig, zwei Töpfe zu finden, die von der Größe her gut zusammenpassen. Im Idealfall bleibt am oberen Rand keine Lücke zwischen den Töpfen.

*Was wird benötigt?*
ein großer Topf, ein kleiner wasserdichter Tontopf (muß in den Großen hineinpassen), grüner Filz, rotes Ripsband

*1. Schritt*
Filz ausbreiten und den größeren Topf in die Mitte des Filzes stellen.

*2. Schritt*
Den Filz nach innen in den Topf einschlagen.

*3. Schritt*
Den kleineren wasserdichten Tontopf in den größeren Topf fest einpressen.

*4. Schritt*
Das rote Ripsband um den Topf knoten.

Sehr schöne Schleifen ergeben sich durch die Verwendung von Bändern, die an den Seiten mit dünnem Draht verstärkt sind. Im Handel finden sie sich unter der Bezeichnung "Tischdekorationsbänder".

## Zimtstangen-Topf

*Was wird benötigt?*
große Zimtstangen (in Dekorations- oder Bastelgeschäften erhältlich), Satinband, Topf mit rauher Oberfläche, Klebepistole, Schere, Gartenschere

*1. Schritt*
Zimtstangen auf den Topf kleben, so daß diese mit dem Topfboden abschließen und nach oben überstehen.

*2. Schritt*
Die Zimtstangen mit der Gartenschere bis auf 10 cm oberhalb des Topfrandes abschneiden.

*3. Schritt*
Um einen aufgebundenen Eindruck zu erzielen, wird der Topf mit einem Satinband geschmückt.

# DIE DÜFTE

Unter den fünf Sinnen hat der Geruchssinn die stärkste Kraft, lange vergessene Erinnerungen an die Weihnachtstage unserer Kindheit heraufzubeschwören. Für mich beginnt die Adventszeit erst richtig, wenn das ganze Haus erfüllt ist vom Duft der immergrünen Zweige, der Potpourris und der Weihnachtsbäckerei.

Potpourris aus Gewürzen, Tannenzweigen und Orangenschalen sind einfach herzustellen und verbreiten über Wochen einen angenehmen Duft. Sie können in Schalen gefüllt, in Nikolaussäckchen, Stoffherzen oder in ein Spitzentaschentuch verpackt werden.

Zimtkerzen verbreiten ein gemütliches Licht und einen sehr angenehmen, weihnachtlichen Duft. Sehr stimmungsvoll wirken sie zu mehreren auf einem Tablett arrangiert. Sie eignen sich zur Beleuchtung an einem gemütlichen Winterabend zu Hause oder als Mitbringsel, zum Beispiel zum Adventstee bei Freunden.

## Zimtkerzen

*Was wird benötigt?*
Kerzenreste, ein feuerfester Glasbehälter, Zimtstangen, Zimtöl, Kerzendocht, eine lange Nadel, eine Schere, eine Klebepistole und ein Kochtopf.

*1. Schritt*
Die Zimtstangen werden mit der Klebepistole am Boden des Glases im Abstand von ca. 1cm angeklebt.

*2. Schritt*
Die Kerzenreste werden in einem Kochtopf geschmolzen, dann wird das Zimtöl hinzugegeben. Das flüssige Wachs wird bis etwa 1 bis 2 cm unter den Rand des vorbereiteten Glases gegossen.

*3. Schritt*
Die Nadel wird quer durch den Docht gestochen und der Docht dann im noch flüssigen Wachs versenkt. Sie wird auf dem Glasrand abgelegt und kann später entfernt werden.

## Dufttücher

*Was wird benötigt?*
ein Spitzentaschentuch, Samtband, Zapfen, ein Tannenzweig, Zimtstangen, Anissterne, Gewürznelken, eine Orange, eine Stoffschere, eine Gartenschere und ein Küchenmesser

*1. Schritt*
Die Gewürze und Zapfen mit der Gartenschere zerkleinern. Die Orange schälen und die Schale antrocknen lassen, da die frische Schale Flecken auf dem Tuch verursachen würde.

*2. Schritt*
Die Gewürze und die angetrockneten Orangenschalen zu einem Potpourri vermischen und damit das Spitzentaschentuch füllen.

*3. Schritt*
Das gefüllte Taschentuch zu einem Beutel formen und mit dem Samtband zuknoten. Die Enden des Tuchs zusammenlegen und mit einem Samtband ein elegantes Duftbällchen schnüren.

*In der Weihnachtszeit blühende Zweige*

Nach einer alten Sitte werden Zweige, die an Weihnachten in der Wohnung blühen sollen, am 4. Dezember, dem Barbara-Tag, geschnitten. Dazu eignen sich verschiedene heimische Gehölze, deren Knospen bis zum Herbst voll entwickelt sind, wie Forsythien, Zierkirschen, Zieräpfel, Zierquitten, Magnolien, Mandelbäumchen, Pfirsiche, Seidelbast und Cornelkirschen. Auch die Zweige der Schlehensträucher sehen sehr schön aus, wenn sie sich an Weihnachten mit schneeweißen Blüten schmücken.

Die Zweige sollten zumindest eine Frostnacht hinter sich haben und oberhalb einer schlafenden Knospe geschnitten werden, da so der Strauch wieder gut neu austreiben kann. Zu Hause werden sie für 12 Stunden in 28-30 Grad warmes Wasser gelegt und somit die Knospen aus dem Winterschlaf geweckt. Der Raum, in dem die Zweige aufblühen sollen, hat idealerweise eine gleichmäßige Temperatur von etwa 20 Grad. Gute Voraussetzungen für die spätere Blüte bietet eine Nährlösung aus 10 Litern Wasser, 150 Gramm Traubenzucker und der gleichen Menge eines käuflichen Frischhaltemittels für Blumen. Um das Austrocknen der Zweige zu verhindern, werden sie nach Möglichkeit täglich mit lauwarmem Wasser besprüht.

Auch einige bei uns kultivierte Exoten blühen im Winter. Der aus dem Norden Chinas stammende Winterjasmin entfaltet, Schnee und Frost zum Trotz, bereits im Dezember seine zitronengelben Blüten. Kurz vor dem Weihnachtsfest in eine Vase gestellt, gehen die Blütenzweige bis zur letzten Knospe auf. Der Duftschneeball öffnet seine fliederähnlichen rosa getönten kleinen Dolden schon Anfang November. Kurz vor Weihnachten geschnittene Zweige halten sich bis in das neue Jahr hinein und erfüllen die Wohnung mit ihrem Blütenduft.

**Orangenschalenkranz**

*Was wird benötigt?*
eine Orange, lackierter Draht (rostet nicht), eine Gartenschere und ein Küchenmesser

*1. Schritt*
Aus der Orangenschale mit einem scharfen Küchenmesser kleine runde Stücke ausschneiden. Es sollte darauf geachtet werden, daß die Stücke in etwa gleich groß sind.

*2. Schritt*
Die Stücke aus der Orangenschale werden so auf den lackierten Draht aufgefädelt, daß die Außenseite der Schale stets in die gleiche Richtung zeigt.

*3. Schritt*
Der Orangenstrang wird zu einem Kranz gebogen, und die beiden Drahtenden werden jeweils in die gegenüberliegenden Orangenstücke gesteckt.

## Zimtleuchter

*Was wird benötigt?*
eine nichttropfende Stabkerze, Zimtstangen, eine Kordel, eine Stoff- und eine Gartenschere

*1. Schritt*
Die Zimtstangen mit der Gartenschere in gleicher Höhe abschneiden.

*2. Schritt*
Die Zimtstangen um die Kerze bündeln.

*3. Schritt*
Mit der Kordel das Zimtbündel und die Kerze zusammenbinden.

## Orangen mit Gewürznelken spicken

Da die Gewürznelken der Orange die Flüssigkeit entziehen, wird sie durch das Spicken mit den Gewürznelken gleichzeitig konserviert. Sie ist daher viel länger haltbar als gewöhnliches Obst.

*Was wird benötigt?*
Orangen, Gewürznelken

*1. Schritt*
Den Kopf der Nelken entfernen.

*2. Schritt*
Die Orange mit den Nelken rundherum bestecken.

**Gewürznelken-Kugel**

*Was wird benötigt?*
Gewürznelken mit Kopf, eine braune Steckschaumkugel

Gewürznelken in die Steckschaumkugel stecken. An einer Stelle beginnen und von dort ausgehend versuchen, die Nelken so dicht wie möglich zu stecken.

Aus den Gewürzen der Weihnachtsbäckerei lassen sich die verschiedensten duftenden Potpourris mischen. Ein sehr schöner Anblick sind schon die einzelnen Zutaten, wie Zimtstangen, Nelken, Orangenschalen oder Fichtennadeln, die in eine Schale gefüllt werden.

Damit sich das Potpourri lange hält, sollte beim Vermischen darauf geachtet werden, daß alle Zutaten gut getrocknet sind.

# DER NIKOLAUS

Nikolaus bringt wie eh und je die Augen der Kinder zum Glänzen, wenn sie am Morgen des 6. Dezembers erwachen und ihre prall gefüllten Schuhe vorfinden. Um seine Gestalt ranken sich fast 2000 Jahre Geschichte voller Mythen und Geheimnisse. Die Spurensuche führt uns weit zurück in eine kleine Stadt in Vorderasien.

Außer daß er von 270 bis 324 nach Christus gelebt haben soll, ist vom Werdegang des Bischofs von Myra im Einzelnen nichts bekannt. Zunächst als Nikolaus nur in Myra verehrt, breitete sich der Kult um seine Person in ganz Vorderasien aus. Mit der Zeit wurde er zum wichtigsten Heiligen der griechisch-orthodoxen Kirche. Je weniger man von ihm wußte, desto mehr Legenden entstanden um seine Person. Er wurde zum Retter aus Seenot, zum Beschützer der Seefahrer und Patron der Kaufleute.

Langsam drang der Kult bis nach Westeuropa durch, vor allem nachdem Nikolaus' Gebeine im Jahre 1087 geraubt und nach Bari in Süditalien gebracht wurden. Von Italien aus nahmen die Legenden ihren Lauf. Nikolaus wurde zum besonderen Schutzheiligen der Kirche, weil er einen Knaben wieder zum Leben erweckt und drei armen Mädchen ein Säckchen mit Goldmünzen durch das geöffnete Fenster geworfen haben soll. Dies sind nur zwei von über 150 Legenden, die sich um sein Wirken gebildet haben. Auch der bis ins Mittelalter zurückreichende Brauch, wonach ein als Nikolaus verkleideter Mann am Vorabend des 6. Dezember die Kinder beschenkt, geht auf diese frühen Überlieferungen zurück.

Verschiedene Legenden ranken sich heute noch um seinen Besuch. Er zieht, begleitet von Knecht Ruprecht, geheimnisvoll, in manchen Gegenden Süddeutschlands auch offen sichtbar, durch die Straßen. Der Mann mit Bischofsornat, Mitra und Krummstab ist zu Fuß unterwegs, reitet auf einem Pferd oder führt einen vollbepackten Esel mit sich. Aus dieser Vorstellung heraus entwickelte sich die Sitte, einen Schuh vor die Tür zu stellen, der in früheren Zeiten mit Heu für den Esel gefüllt sein mußte. In der Nacht tat Nikolaus dann Pfefferkuchen, Äpfel und Marzipan hinein. In anderen Gegenden glauben die Kinder daran, daß der Nikolaus oder Knecht Ruprecht die Geschenke durch den Kamin bringt. Deshalb hängen sie dort ihre Nikolaus-Strümpfe auf.

Neue Attribute erhielt der Nikolaus durch das 1822 von Clement Clarke Moore veröffentlichte Gedicht "The Night before Christmas". Darin verarbeitete er traditionelle Züge mit eigenen Ideen und erzählte von einem Nikolaus, der mit Rentier und Schlitten unterwegs ist. Das Erscheinungsbild, wie wir es heute kennen, schuf der Karikaturist Thomas Nast fast vierzig Jahre später. Er zeichnete erstmals den Nikolaus mit roter, pelzbesetzter Kutte.

*Ein Adventshäuschen verkürzt den Kindern die 24 langen Tage bis Weihnachten. Hinter seinen Schubladen verbirgt sich von Jahr zu Jahr ein anderes Geheimnis.*

6
7
11
12
16
17
21
22
24

# DER TISCH

Mit viel Freude bereite ich Familientreffen, Abendeinladungen oder Adventstees vor. Besonders gerne widme ich mich dabei der Tischdekoration. Schönes Geschirr, Gläser, Blumen und Kerzen gehören für mich zu einem festlichen Tisch genauso wie eine farblich abgestimmte Tischdecke und elegant gefaltete Servietten.

Zu den schönsten Stunden der Vorweihnachtszeit gehört für mich ein Adventstee mit Freundinnen. Wir ziehen uns an einen ruhigen und gemütlichen Ort im Haus zurück und tauschen uns über den Stand unserer Weihnachtsvorbereitungen aus. Den Tisch decke ich mit duftendem Jasmintee, flackernden Kerzen und fülle Petits fours oder die ersten Plätzchen aus der Weihnachtsbäckerei in eine Etagere.

Trotz Kälte und häufig wenig angenehmem Wetter liebe ich auch im Winter lange Waldspaziergänge. Gerne lade ich unsere Freunde zu einem winterlichen Spaziergang ein, den wir mit einem gemütlichen Advents-Punsch beenden. Alle freuen sich schon auf die Wärme des weihnachtlich geschmückten Hauses und auf den Duft von Zimtkerzen und Bratäpfeln.

### *Adventspunsch*

Ein familiär gestalteter Advents-Punsch bietet eine gute Gelegenheit, Familien mit Kindern einzuladen. Zu der gemütlichen und ungezwungenen Stimmung des Nachmittags paßt ein vorbereitetes Buffet, das von Bratäpfeln bis zu den Plätzchen, vom Weihnachtsstollen bis zum Lebkuchen den Gästen alles anbietet, was zur Vorweihnachtszeit paßt. Ein duftender Gewürzwein und ein wärmender Adventspunsch dürfen dabei natürlich nicht fehlen.

*Wenn die Zimtstangen von der Kerze gewärmt werden, entfalten sie ihren vollen Duft.*

*Die Tischdekoration im traditionellen Stil*

Die Bilder der folgenden Seiten zeigen verschiedene Beispiele meiner weihnachtlichen Tischgestaltung. Im bayerisch-englischen Stil kombiniere ich die Farbzusammenstellung rot-blau mit einem Tischschmuck aus Zapfen, immergrünen Zeigen, Zimtstangen und einer gespickten Orange. Der mit einer Tischdecke im Karomuster gedeckte Tisch und das duftende Gesteck erinnern an eine gemütliche bayerische Stube.

*Die elegante Tischdekoration*

Zum festlichen Weihnachtsmenü bevorzuge ich einen feierlich gedeckten Tisch. Durch die Kombination von weißem Geschirr, silbernen Platztellern, schönen Gläsern und zahlreichen Kerzen erstrahlt der Tisch in festlichem Glanz. Eine dekorative, mit gezuckerten Rosen geschmückte immergrüne Girlande unterstreicht den eleganten Charakter der Tischdekoration.

Mit der Auswahl und Anordnung von Geschirr und Besteck schaffe ich eine dem Anlaß entsprechende Atmosphäre. Für das festliche Weihnachtsessen eignen sich zum Beispiel elegante Porzellanteller, die durch ein schönes Silberbesteck, Damastservietten und geschliffene Kristallgläser mit Goldrand ergänzt werden. Die elegante Wirkung des Tafelgeschirrs kann durch eine schöne Tischdecke, beispielsweise aus Damast, noch unterstrichen werden.

Zur Abrundung der Tischdekoration gehört eine durchdachte Anordnung von Geschirr und Besteck. Für die Abfolge gilt die einfache Grundregel: Jedes Gedeckteil wird in der Reihenfolge aufgelegt, in der es genutzt wird. Stoffservietten, die lediglich zu einem Rechteck gefaltet werden, liegen ganz links, damit sie mühelos entfaltet und auf dem Schoß ausgebreitet werden können. Die Servietten lassen sich natürlich auch zu schönen Formen falten und werden dann in die Mitte des Speisetellers gestellt oder gelegt.

Rechts von der Serviette liegen die Gabeln, die in der Reihenfolge ihrer Benutzung angeordnet sind: die Vorspeisengabel links von der Gabel für das Hauptgericht. Über den Gabeln steht der Brotteller mit einem separaten Buttermesser, das so auf dem Tellerrand liegt, daß der Griff nach rechts zeigt. Das Messer für die Hauptspeise liegt direkt links neben dem Teller, rechts sich anschließend das Vorspeisenmesser. Die scharfe Klinge eines Messers hat immer zum Teller hin zu zeigen. Rechts neben dem Messer liegt der Suppenlöffel.

*Die Auswahl des Geschirrs, des Bestecks und der Servietten inspiriert die weihnachtliche Tischdekoration.*

Die Grundregel für die Anordnung auf der Tafel, von außen (was brauche ich als erstes) nach innen (was ist als nächstes zu benutzen), gilt natürlich auch für die Gläser. Auch sie werden in der Reihenfolge ihrer Benutzung angeordnet: Beim klassischen Gedeck stehen sie in einer Reihe. Da der Platz auf einem festlich gedeckten Tisch aber häufig knapp ist, werden sie zunehmend auch als Arrangement plaziert: Am nächsten zur rechten Hand steht das Glas für den Weißwein, der gewöhnlich zu den ersten Gängen serviert wird, links davon das Rotweinglas und dahinter das Wasserglas.

*Ein festliches Gedeck und aus dem Tisch wird eine Tafel.*

Beim formellen Gedeck werden die Bestecke für das Dessert normalerweise schon vorher zusammen mit dem übrigen Besteck oberhalb des Tellers aufgelegt.

Innen wird die Dessertgabel mit dem Griff nach links, außen der Dessertlöffel mit dem Griff nach rechts plaziert. Falls zum Beispiel aus Platzgründen erforderlich, kann das Dessertbesteck aber auch dann erst zu beiden Seiten des Desserttellers aufgelegt werden, wenn das Dessert serviert wird.

### *Tischdekoration und Kerzen*

Eine hübsch arrangierte Tischdekoration unterstreicht den festlichen Rahmen des Weihnachtsmenüs. In erster Linie bieten sich hier Blumen an, aber auch immergrüne Zweige, Bänder oder eine Girlande. Die Dekoration sollte so gestaltet werden, daß sie den Gästen keinesfalls den Blick auf ihr Gegenüber verstellt.

Richtig festlich wird der Tisch erst durch den Einsatz von mehrarmigen Kandelabern oder anderen Kerzenarrangements. Mit ihrem warmen Licht verzaubern sie den Tisch und verleihen ihm einen feierlichen Glanz.

# DIE KARTEN

Unter unseren Freunden ist es Tradition, Bilder der Kinder auf Weihnachtskarten aufzukleben und zu verschicken. Das ist für mich der persönlichste Weihnachtsgruß. Ich warte jedes Jahr schon gespannt auf die Bilder, die unsere Freunde uns zusenden. Kurz vor dem Fest befestige ich alle Karten an einer langen Schnur und hänge sie am Kamin auf.

Glückwünsche zum Neuen Jahr sind seit den römischen Saturnalien bekannt. Um die bösen Geister zu bannen und den guten gefällig zu sein, tauschten die Bürger Roms Grüße und Geschenke aus. Erst im 19. Jahrhundert verlagerte sich der Brauch des Kartengrußes auf das Weihnachtsfest.

Aber die Bilder der ersten Weihnachtskarten waren zunächst nicht typisch weihnachtlich, da noch keine entsprechenden Karten im Handel waren. Mit Erfindergeist wurden die üblichen Gruß- und Visitenkarten durch weihnachtlichen Schmuck in festtägliche Grüße verwandelt.

**Weihnachtskarte mit Tannennadeln**

*Was wird benötigt?*
Pergamentpapier, Tannenzweige, eine neutrale Karte, beispielsweise im Format A 5, silberfarbener Sprühglimmer, Schere, Bleistift, farbloser Sprühkleber, Zeitungspapier

*1. Schritt*
Die Zeitung zum Schutz der Arbeitsfläche ausbreiten. Dann das Pergamentpapier in der der Karte entsprechenden Größe ausschneiden.

*2. Schritt*
Die Nadeln von den Tannenzweigen ablösen. Die Karte mit Sprühkleber einsprühen und die Tannennadeln darauf verteilen.

*3. Schritt*
Die Karte mit den Tannennadeln nochmals mit Sprühkleber besprühen und das Pergamentpapier aufkleben.

4. Schritt
Die Oberfläche des Pergamentpapiers mit silberfarbenem Sprühglimmer besprühen.

Die ersten Karten mit weihnachtlichen Motiven wurden um 1870 hergestellt. Mit der zunehmenden Alphabetisierung im späten 19. Jahrhundert und einem reichlichen Kartenangebot zu für jedermann erschwinglichen Preisen wurde das Verschicken von Weihnachtskarten sehr populär. Um dem Ansturm gewachsen zu sein, mußte die Post schon damals um rechtzeitige Absendung bitten. Die Hersteller griffen die technischen Verbesserungen ihrer Zeit auf und brachten mit beweglichen Karten, Duftkarten und ähnlichem immer raffiniertere Kreationen auf den Markt.

*Selbstgemachte Weihnachtskarten sind zum Wegwerfen viel zu schade.*

Die wertvollsten Karten sind aber auch heute noch die selbstgemachten. Jede dieser Karten ist ein kleines Kunstwerk und viel zu schade, um nach dem Lesen einfach beiseite gelegt zu werden. Die individuellen Karten, die Sie entsprechend den Anleitungen auf den folgenden Seiten einfach gestalten können, erhalten durch die Kombination verschiedener Materialien eine sehr interessante Optik. Der besondere Effekt der Karten ergibt sich durch den Einsatz von transparentem Papier, das verschiedene Motive durchschimmern läßt.

## Weihnachtskarte mit Tannenbaum-Motiv

*Was wird benötigt?*
Eine rote Karte, beispielsweise im Format A 5, eine weiße Kerze, Pergamentpapier, grüne Sprühfarbe, Zeitung, Schere, Messer, Bleistift

*1. Schritt*
Die Zeitung ausbreiten, dann das Pergamentpapier in der Mitte falten und an dem Falz beginnend einen halben Tannenbaum zeichnen. Anschließend den Baum ausschneiden.

*2. Schritt*
Das Pergamentpapier auseinanderfalten und dieses auf die Kartenvorderseite legen. Dann mit der Kerze einige Wachstropfen auf die Baumsilhouette geben.

*3. Schritt*
Die Silhouette mit der grünen Sprühfarbe einfärben.

*4. Schritt*
Mit dem Messer die Wachstropfen abkratzen. So kommt die rote Farbe der Karte durch die Kugeln wieder zum Vorschein.

Nach der gleichen Vorgehensweise lassen sich statt Weihnachtskarten sehr schöne Geschenkanhänger fertigen. Dazu wird einfach eine kleinere neutrale Karte als Ausgangsmaterial benutzt.

# DIE GESCHENKE

Mit Weihnachtsgeschenken bekunde ich meine Zuwendung und Dankbarkeit den Menschen gegenüber, die mir besonders nahestehen oder mir im vergangenen Jahr zur Seite standen. Der Brauch, an Weihnachten Geschenke auszutauschen, hat sein Vorbild in der Weihnachtsgeschichte, die von den Gaben der Weisen aus dem Morgenland erzählt.

*Dinge, die man selbst gern besitzen würde, sind besonders gute Geschenke, wie diese Kissen aus Lodenstoff. Ich liebe Loden kombiniert mit Hirschhornknöpfen. Auf unserem alten Ledersessel, der schon seit 100 Jahren im Besitz unserer Familie ist, gefallen sie mir besonders gut.*

*Als Belohnung für das Bild auf der nächsten Seite bekam unser Jack-Russel-Terrier einige Vanillekipferl, die er besonders liebt. Vanillekipferl sind eine österreichische Spezialität, die bei uns gern gebacken und gegessen wird.*

Selbstgemachte und gekaufte Geschenke sollten eine besondere Beziehung zu dem Beschenkten haben. Bei Besuchen in Großstädten oder auf Flohmärkten denke ich das ganze Jahr über an die Menschen, die mir besonders nahestehen. Durch Gravieren oder Besticken gestalte ich gekaufte Geschenke noch persönlicher. Alle von mir vorbereiteten Gegenstände wandern zunächst in die Weihnachtstruhe. In der Vorweihnachtszeit bleibt mir so mehr Muße zum Verschönern, Ergänzen und zum attraktiven Verpacken.

Die wertvollsten und schönsten Geschenke für mich sind Zeit und Aufmerksamkeit. Am meisten freut es mich, wenn mir meine Kinder etwas schenken, das sie selbst gemalt, getöpfert oder modelliert haben. Das spricht von ihrer Kreativität, aber auch von ihrer Liebe und davon, daß sie sich Zeit für mich genommen haben. Das ist es, was das Besondere ausmacht.

So wie ich mich freue, selbstgemachte Geschenke zu erhalten, so freue ich mich auch daran, selbst Geschenke herzustellen. Die Ideen auf den folgenden Seiten sind fast alle einfach nachzumachen. Für einige wird ein wenig handwerkliches Geschick benötigt, wie zum Beispiel für die Schreibmappen und die Fotorahmen, die mit Stoff überzogen werden.

Dies sind besonders schöne Geschenke, bei denen die Auswahl der Stoffe entscheidend ist. Es können Stoffreste sein oder extra zu diesem Zweck gekaufte Stoffe, wie etwa Filz, Loden oder Seide. Die Auswahl des Stoffes sollte sich an den Interessen und Vorlieben des Beschenkten orientieren.

*Die Werkzeuge der weihnachtlichen Bastelwerkstatt: Messer, Pinsel, Schere, Karton und ein Schneidemesser.*

## Schreibmappe

*Was wird benötigt?*

2 Pinsel für Kleber, Schere, Schneideunterlage, Schneidemesser, größere Mengen Kleber, Bleistift, Metallineal, Falzmesser, 2 mm dicker Karton (2 Stück 25 x 35 cm), 1 mm dicker Karton (2 Stück 24,5 x 34,5 cm, 1 Stück 15 x 15 cm), papierbeschichtetes Leinen (2 Stück 29,5 x 39,5 cm, 1 Stück 10 x 35 cm), Stoff (1 Stück 60 x 40 cm, 1 Stück 23 x 23 cm), Stoffband (2 Stück 25 x 1,5 cm)

*1. Schritt*

Zuschneiden der Teile: Aus dem 2 mm Karton werden die Teile A (25 x 35 cm) und B (25 x 35 cm) ausgeschnitten, aus dem 1 mm Karton entstehen die Teile C (24,5 x 34,5 cm) und D (24,5 x 34,5 cm).

*2. Schritt*

Der Stoff (60 x 40 cm) wird mit der bedruckten Seite auf den Tisch gelegt. Dann bestreicht man die Teile A und B mit Kleber und legt sie in einem Abstand von 5 cm zueinander und 2,5 cm zu jeder Außenkante auf die Rückseite des Stoffes. Den Stoff umdrehen und fest darüberstreichen. So verschwinden alle Blasen, die sich eventuell gebildet haben.

*3. Schritt*

An allen vier Seiten des Stoffes werden die Ecken mit einem Abstand von 1 cm zur Außenkante quer abgeschnitten.

*4. Schritt*

Die Teile A und B werden an den Rändern mit Kleber bestrichen (2,5 cm breit), dann wird der überstehende Stoff umgeklappt und festgeklebt.

*5. Schritt*

Der papierbeschichtete Leinenstreifen (10 x 35 cm), wird auf der Unterseite (Papierseite) mit Kleber bestrichen und längs zwischen A und B geklebt. Die Kanten werden mit dem Falzmesser an den Karton gedrückt.

*6. Schritt*

Die Teile C und D werden sorgfältig mit Kleber bestrichen und auf die Rückseite der beiden papierbeschichteten Leinenteile (29,5 x 39,5 cm) geklebt. Wie im 3. und 4. Schritt werden die Seiten umgebogen und festgeklebt.

*7. Schritt*

Um die Verschlußbänder anzubringen, wird in die Mitte der Vorder- und Rückseite der Mappe ein Schlitz in der Breite des Stoffbandes geschnitten. Dann fädelt man jeweils 2,5 cm der zwei Bänder durch die Schlitze und klebt diese an der Innenseite fest.

*8. Schritt*

An der inneren Vorderseite der Mappe kann jetzt noch eine Einsteckkante für Papier angebracht werden. Dazu wird das Kartonquadrat (15 x 15 cm) und das Stoffquadrat (23 x 23 cm) diagonal in der Mitte durchgeschnitten. Dann wird ein Kartondreieck auf einer Seite mit Kleber bestrichen und in die Mitte der Rückseite eines Stoffdreiecks geklebt.

*9. Schritt*

Der Rand der langen Seite des Kartondreiecks wird mit Kleber bestrichen (2 cm breit) und der überstehende Stoffrand darauf festgeklebt.

*10. Schritt*

Das stoffbezogene Dreieck wird jetzt an dem Teil C festgeklebt. Dazu bestreicht man den rechten unteren Rand der Rückseite von Teil C mit Kleber (2 cm breit). Auf die Vorderseite von Teil C wird nun das Dreieck mit der bedruckten Stoffseite nach oben gelegt, und die überstehenden Stoffränder werden an der Rückseite von Teil C festgeklebt.

*11. Schritt*

Die Teile C und D werden mit der Rückseite auf die Innenseite der Mappe geklebt, jeweils genau auf die Rückseiten der Teile A und B.

*12. Schritt*

Um eine Wölbung zu verhindern, wird die fertiggestellte Mappe aufgeklappt und mit Büchern beschwert.

## Photorahmen für 2 Bilder

*Was wird benötigt?*

Pinsel (2 cm breit) für Kleber, Schere, Schneidemesser, Schneideunterlage (Cuttingmat oder starker Karton), größere Mengen Kleber (Planatol), Bleistift, Metallineal, Falzmesser, Superkleber-Gel (Loctite), Karton 2 mm: 26 x 17,5 cm, Karton 1 mm: 18 x 27 cm, papierbeschichtetes Leinen 32 x 18 cm, Stoff ca. 68 x 42 cm

*1. Schritt*

Aus dem 2 mm dicken Karton die Teile A (18 x 13,5 cm) und B (18 x 13,5 cm) ausschneiden. Der 1 mm dicke Karton dient zur Fertigung der Teile C (17,5 x 13 cm) und D (17,5 x 13 cm) und von 4 Streifen im Maß von 1 x 17 cm und 2 Streifen von 1 x 10 cm. Aus dem papierbeschichteten Leinen 1 Stück von 8 x 6 cm und 2 Stücke von 11 x 15 cm vorbereiten.

*2. Schritt*

Den Stoff mit der bedruckten Seite nach unten auf den Tisch legen. Dann die Teile A und B mit Kleber bestreichen und in einem Abstand von 2,5 cm zueinander und 2 cm zu jeder Außenkante auf die Rückseite des Stoffes legen. Den Stoff umdrehen und fest darüberstreichen, damit alle Blasen verschwinden, die sich eventuell gebildet haben.

*3. Schritt*

An allen vier Seiten des Stoffes werden die Ecken mit einem Abstand von 1 cm zur Außenkante quer abgeschnitten.

*4. Schritt*

Um das spätere Einschieben von Photos zu vereinfachen, werden die vier kürzeren Kartonstreifen (1 x 17 cm) an die äußeren und inneren Seiten von A und B sowie die zwei längeren Kartonstreifen (1 x 10 cm) an die unteren Seiten von A und B geklebt.

*5. Schritt*

Die Teile A und B werden an den Außenseiten mit Kleber bestrichen (2 cm

breit), dann wird der überstehende Stoff umgeklappt und festgeklebt. Um saubere Kanten zu erhalten, sollte dafür ein Falzmesser verwendet werden.

*6. Schritt:*
Der papierbeschichtete Leinenstreifen (6 x 18 cm) wird auf der Unterseite (Papierseite) mit Kleber bestrichen und längs zwischen A und B geklebt. Die Kanten werden mit dem Falzmesser an den Karton gedrückt.

*7. Schritt*
Die beiden Rechtecke aus Leinen (11 x 15 cm) werden auf der Unterseite (Papierseite) mit Kleber bestrichen und auf die nicht stoffbedeckte Seite von A und B geklebt.

*8. Schritt*
Aus den Teilen C und D schneidet man nun die Mitte heraus und läßt dabei einen Rand von 2,5 cm stehen. Der entstandene Rahmen wird mit Kleber bestrichen und auf die unbedruckte Seite der Stoffstücke geklebt. Der Stoff sollte nun auf allen Seiten 2 cm überstehen.

*9. Schritt*
An der Außenseite werden die Ecken nun wie im 3. Schritt behandelt. An der Innenseite der Rahmen werden die Ecken des Stoffes einfach eingeschnitten.

*10. Schritt*
Die Rückseiten der Rahmen C und D werden mit Kleber bestrichen und die überstehenden Stoffstücke umgeschlagen und festgeklebt. Die Kanten werden mit dem Falzmesser an den Karton gedrückt.

*11. Schritt*
Die Rahmen C und D werden nun auf jeweils drei Außenrändern mit Loctite Kleber (1 cm breiter Streifen) beklebt und auf die erhöhten Ränder von A und B angebracht. Wichtig: Nur drei Seiten mit Kleber versehen, damit die Bilder in die Rahmen geschoben werden können.

*12. Schritt*
Um eine mögliche Wölbung zu verhindern, wird der Rahmen zum Schluß aufgeklappt und mit Büchern beschwert.

## Schuh-Beutel

*Was wird benötigt?*

Ein 40 cm x 60 cm großes Stück Stoff, Kordel, Nähgarn, Stickgarn, eine Stoffschere, Pergamentpapier, Handmaß, eine Sticknadel

*1. Schritt*

Den Stoff auf Stoffbruch legen und an zwei Seiten zusammennähen.
An der Oberkante 3 cm umnähen, dabei ein Stück Naht offen lassen und die Kordel einziehen.

*2. Schritt*

Auf das Pergamentpapier ein Monogramm zeichnen und dieses auf die Mitte des Stoffsackes aufzeichnen und besticken.

Einfacher als einen Schuhsack selbst zu nähen, ist es, eine Jute-Tasche mit einer Kordel zu versehen.

Auch viele andere Geschenke können durch ein Monogramm verschönert werden. Zum Besticken eignen sich beispielsweise schöne Leinendecken, Kopfkissenbezüge oder Damastservietten.

**Nikolaus-Stiefel**

*Was wird benötigt?*

2 Küchentücher, Nähgarn, Fadenschere, Stoffschere, Stecknadeln, Schnittpapier, Handmaß

*1. Schritt*

Aus dem Schnittpapier einen Stiefel mit 1 cm Nahtzugabe zuschneiden, diesen Zuschnitt auf zwei aufeinander gelegte Küchentücher mit Stecknadeln feststecken und ausschneiden.

*2. Schritt*

Das Schnittpapier entfernen und die beiden Teile zusammennähen.

*3. Schritt*

Aus den Resten der Küchentücher eine ca. 12 cm lange Borde schneiden, oben an der Stiefelinnenseite annähen und diese nach außen umlegen.

*4. Schritt*

Nach Fertigstellung des Stiefels einen Aufhänger annähen.

## Karamellen

*Zutaten:*
$^1/_4$ Liter Sahne
250 g Zucker
100 g Honig
1 Päckchen Vanillezucker

*Zubereitung:*
Alle Zutaten werden miteinander verrührt und anschließend zum Kochen gebracht. Unter ständigem Rühren sollte das Ganze etwa 8-9 Minuten kochen. Der Rand des Topfes sollte zwischendurch immer wieder naß gemacht werden. Die heiße Masse wird dann auf eine gefettete Form oder eine mit Alufolie bezogene Platte gegossen.
Nachdem das Ganze abgekühlt ist, wird sie noch lauwarm mit einem geölten Messer in gleichmäßige Stücke geschnitten. Sehr schön sehen die Karamellen aus, wenn sie nach dem vollständigen Erkalten einzeln in Cellophanpapier eingewickelt werden.

## Fichtennadellikör

*Zutaten:*
zwei Hand voll junge zartgrüne Fichtentriebspitzen
eine kleine Hand voll Kandiszucker
1 Liter Doppelkorn

*Zubereitung:*
Die Triebe, den Kandiszucker und den Doppelkorn in ein Ansatzgefäß geben. Das gut verschlossene Gefäß eine Woche lang in die Sonne und dann für vier weitere Wochen an einen dunklen, aber warmen Ort stellen. Jetzt wird der Likör filtriert und bei Bedarf mit Kandiszucker nachgesüßt. Bevor der Fichtennadellikör getrunken wird, sollte er noch für ein paar Monate kühl und trocken gelagert werden.

Orangenlikör

## Orangenlikör

*Zutaten:*
50 g Orangenblüten (aus der Apotheke)
1 Liter 90prozentiger Alkohol
300 g Zucker
500 ml Wasser

*Zubereitung:*
Die Orangenblüten werden mit dem Alkohol angesetzt und vier Tage lang stehen gelassen. Dann das Ganze durch ein Sieb abgießen und zu dem Filtrat den im Wasser gelösten Zucker hinzugeben. Den Likör im Keller mindestens sechs bis acht Wochen lang ziehen lassen. Wenn Sie die Flasche später öffnen, erfüllt der Duft des Orangenlikörs den ganzen Raum.

## Vanillekipferl

*Zutaten:*
200 g Mehl
50 g Zucker
3 Päckchen Vanillezucker oder
$^1/_2$ ausgeschabte Vanilleschote
80 g geschälte, geriebene Mandeln
150 g Butter
Vanillezucker mit Puderzucker gemischt zum Wälzen

*Zubereitung:*
Aus allen Zutaten wird auf einem Brett ein glatter Teig geknetet. Der Teig sollte dann etwa 20 Minuten an einem kalten Ort ruhen. Anschließend den Teig zu einer Rolle formen und gleichmäßige Scheiben abschneiden. Hieraus werden an den Enden spitz zulaufende Hörnchen geformt.
Die Hörnchen auf ein leicht gefettetes Backblech legen und im vorgeheizten Rohr hell backen. Sobald das Gebäck aus dem Ofen kommt, wird es vorsichtig vom Blech gelöst und noch heiß im Puderzucker gewälzt.
Backzeit: etwa 10 Minuten im auf 200 Grad vorgeheizten Ofen.

## Lemon Curd

*Zutaten:*
75 g Butter
3 Eier
225 g Zucker
3 unbehandelte Zitronen

*Zubereitung:*
Die weiche Butter und die Eier werden mit dem Quirl des Handrührers in einer Schüssel schaumig geschlagen. Anschließend werden der Zucker, die geriebene Zitronenschale und der Zitronensaft dazugegeben. Die Schüssel mit den verrührten Zutaten wird auf einen Topf mit kochendem Wasser gestellt. Die Masse wird so lange weitergeschlagen, bis sie andickt. Sie darf nicht kochen, da sonst das Ei gerinnt. Die Creme sollte sofort in heiß ausgespülte Gläser gefüllt und dann verschlossen werden.
Im Kühlschrank aufbewahrt hält sich die Creme etwa 4 Wochen.

## Eingelegte Früchte *(Mengenangabe für 1 Glas)*

*Zutaten:*
15 - 20 Kumquats
6 Gewürznelken
1 Zimtstange
1 Vanilleschote
$^1/_4$ Liter Weißwein
150 g Zucker
$^1/_8$ Liter hochprozentiger Rum

*Zubereitung:*
Zuerst die Kumquats waschen, trockenreiben und in Scheiben schneiden. Anschließend die Nelken, den Zimt und die aufgeschlitzte Vanilleschote ins Glas geben. Dann den Wein und den Zucker zum Kochen bringen und etwa 10 Minuten offen kochen. Jetzt wird der Rum zugegeben und die Flüssigkeit sofort über die Früchte in das Glas gegossen. Nachdem der Inhalt abgekühlt ist, werden die Gläser verschlossen und kühl aufbewahrt.
Die eingelegten Früchte sind etwa sechs Monate haltbar. Sie eignen sich besonders gut als Desserts, zum Gebäck, zum Tee oder Punsch und als Ergänzung zur Eiscreme.

Chatreuse
Fichtelnadellikör
Kumquat

# VERPACKEN

Ein Gegenstand, den wir für jemanden ausgesucht haben, wird erst durch die liebevolle Verpackung zum Geschenk. Gerade an Weihnachten verpacke ich die Päckchen besonders festlich und schmücke sie mit Tannenzweigen, Kugeln oder Bändern.

LOCH TAY

Neben dem Griff zu den herkömmlichen Geschenkpapieren bieten sich zahlreiche originelle Alternativen an. Eine schöne Idee besteht beispielsweise darin, Geschenke in Hüllen einzupacken, die später noch benutzt werden können.

**Geschenke verpacken "mit Herz"**

*Was wird benötigt?*
Ein großes rotes Kunststoffherz, Stoff, Kordel, Sprühkleber, Blattgold, eine Zeitung als Unterlage.

*1. Schritt*
Das Kunststoffherz mit Sprühkleber bekleben.

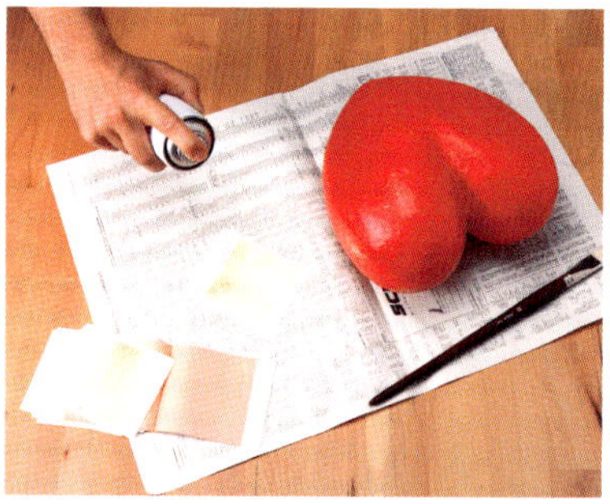

*2. Schritt*
Das Blattgold auflegen und vorsichtig mit einem weichen Pinsel festdrücken.

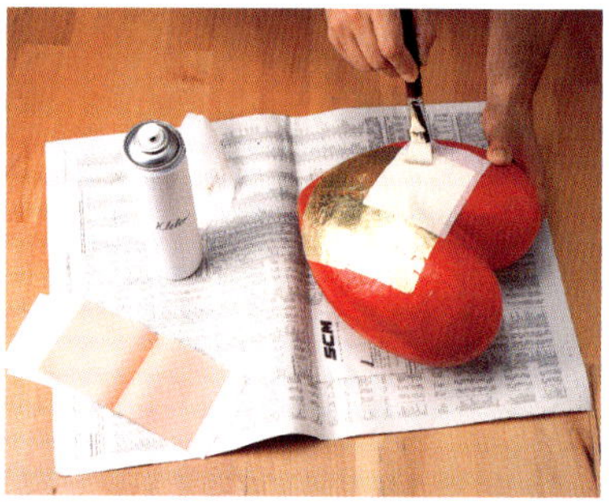

*3. Schritt*
Liebevoll verpackt ist das Herz, wenn es mit einem Geschenkband umwickelt und unter dem Band ein dekorativer Ilexzweig befestigt wird. Später kann dieses goldene Präsent auch an den Christbaum gehängt werden.

Eine originelle Idee zum Verpacken von Geschenken für eine ganze Familie: das Wanderpaket. Zuerst ist nur ein großes Geschenk für eine Person zu sehen. Beim Öffnen findet der Beschenkte ein Geschenk für sich und ein Paket für ein weiteres Familienmitglied. Das wiederholt sich so lange, bis alle ihr Geschenk erhalten haben.

## Geschenke verpacken mit Stoff

*Was wird benötigt?*
Eine Schachtel, Stoff, Kordel, Christbaumschmuck, Stoffschere, Sprühkleber (dieser Kleber eignet sich besonders gut, da die Kanten hiermit sauber verklebt werden können)

*1. Schritt*
Den Stoff entsprechend der Schachtel zuschneiden, wobei ein Rand berücksichtigt werden muß, der später über die Kanten gelegt werden kann. Die Stoffrückseite mit Sprühkleber einsprühen.

*2. Schritt*
Die Schachtel mit dem Stoff beziehen und fest über den Stoff streichen, damit möglicherweise entstandene Blasen verschwinden. Besonders sorgfältig die Kanten einlegen und verkleben.

*3. Schritt*
Die Kiste läßt sich originell verpacken, wenn eine lange Schmuckkordel um das Paket gewickelt wird und Sie die Kordelenden immer mal wieder zwischendurch mit einfachen oder doppelten Knoten versehen.

*4. Schritt*
Zu guter Letzt wird der Tannenzweig unter die Kordel geschoben und am Schnurende der Christbaumschmuck befestigt.

Einfacher als eine Kiste mit Stoff zu beziehen, ist es, sie in einem schönen glänzenden Stoff einzupacken und die Umverpackung mit einem breiten Geschenkband zu fixieren. Eine andere Möglichkeit besteht darin, Verpackungsmaterial zu verwenden, das später noch auf die verschiedensten Arten genutzt werden kann.

Hier bieten sich ausgefallene Stoffservietten, Geschirrtücher oder eine kleine Kissenhülle an, die auf Flohmärkten in großer Auswahl angeboten werden. Verschönert werden sie noch durch das Aufsticken der Initialen des Beschenkten. Aber auch eine Nikolausmütze, aus rotem Stoff und mit ein wenig Aufwand selbst genäht, ist eine originelle und wiederverwertbare Verpackungsmöglichkeit, ebenso wie bemalte oder beklebte Spanschachteln.

*Wenn die Phantasie gefordert wird, machen die Vorbereitungen für das Fest besondere Freude.*

Schlichtes einfarbiges Japanpapier, das in jedem Geschäft für Bastelbedarf erhältlich ist, kann durch das Bedrucken mit selbstgemachten Korkstempeln verschönert werden. Der dazu benötigte etwa 3 mm starke Plattenkork findet sich in Bau- und Hobbymärkten. Hierauf können beliebige Motive aufgemalt und ausgeschnitten werden, wie zum Beispiel Sterne, Engel oder Schneemänner. Diese werden mit einer Stecknadel auf einem Falschenkorken festgesteckt. Danach wird das Motiv mit Farbe bestrichen und einige Zeit auf das Papier gedrückt. Für diesen Druck sollte auf alle Fälle Papier mit einer unbehandelten Oberfläche benutzt werden, damit die Farbe gut aufgesaugt werden kann.

# DAS MENÜ

An Heiligabend bleibt mir trotz bester Vorbereitung nicht die Zeit zum Kochen. Deshalb entscheide ich mich an diesem Tag für ein unkompliziertes Gericht. Eine von mir sehr geliebte Tradition ist unser Brunch mit Verwandten und Freunden am zweiten Weihnachtsfeiertag.

Auf den folgenden Seiten stelle ich Ihnen die Rezepte für unseren Weihnachtsbrunch, ein festliches Menü und ein leichtes Weihnachtsmenü vor.

Zum Weihnachtsbrunch bereite ich verschiedene warme und kalte Gerichte vor, z.B. Rote-Bete-Suppe, Pasteten, Wachteleier, Lachsforelle, gebratene Scampis, Schinken in Brotteig und verschiedene Weihnachtskuchen.

**Schinken in Brotteig**

*Zutaten:*
1 mild gepökelter Schinken aus der Keule (etwa 2 Kilo)
2 Bund Suppengrün (etwa 400 g)
1500 g Brotteig (beim Bäcker bestellen)
Mehl zum Ausrollen
2 Eigelb
2 Eßlöffel Milch

*Zubereitung:*
Den Schinken 24 Stunden in einer Schüssel mit Wasser bedecken und an einem kühlen Ort wässern lassen.

Den Schinken dann in einen großen Topf geben und mit etwa 2 Liter heißem Wasser begießen. Das Suppengrün waschen, putzen, in grobe Stücke schneiden und mit dem Schinken im zugedeckten Topf eine Stunde bei schwacher Hitze kochen lassen. Anschließend den Schinken herausnehmen, abtropfen lassen und abtrocknen.

Den Brotteig auf der bemehlten Arbeitsfläche zu einem etwa 35 mal 45 cm großen Rechteck ausrollen und den Schinken darin einwickeln. Den Teig mit einer Gabel mehrere Male einstechen. Das Eigelb und die Milch verrühren und den Teig damit bestreichen. Den Schinken auf ein dick bemehltes Backblech legen und bei 200 Grad 2 Stunden backen.

**Rote-Bete-Suppe**

*Zutaten:*
3 kleine Zwiebeln
ca. 800 g Rote Bete
200 g Kartoffeln
1 Liter Gemüsebrühe
1 Lorbeerblatt
1 Thymianzweig
1 Lorbeerblatt
Gartenkräuter
$^1/_4$ Knoblauchzehe
Olivenöl
1 Löffel Crème fraiche
1 – 2 Eßlöffel gehackte Petersilie zum Dekorieren

Zubereitung:
Die Zwiebeln und den Knoblauch schälen, fein hacken und in einem großen Topf mit etwas Olivenöl glasig werden lassen. Die Roten Beten und die Kartoffeln waschen, schälen und würfeln. Zunächst die Kartoffeln beifügen und solange braten, bis sie eine goldgelbe Farbe annehmen. Als nächstes werden die Roten Beten hinzugefügt und unter mehrmaligem Rühren kurz angedünstet. Alles mit der Gemüsebrühe ablöschen.

Die Gewürze zu einem Sträußchen zusammenbinden und in die Suppe geben. Mit Pfeffer und Salz würzen und etwa 30 Minuten köcheln lassen. Bildet sich während des Kochvorganges Schaum auf der Suppe, wird dieser mit einem Schaumlöffel abgeschöpft.

Wenn die Roten Beten und die Kartoffeln weich sind, wird die Suppe mit einem Stabmixer püriert. Der Püriervorgang sollte nicht zu lange dauern, sonst besteht die Gefahr, daß die Suppe bitter wird.

Abschließend wird die Suppe durch ein Spitzsieb passiert und noch einmal aufgekocht. Zum Servieren auf dem Brunchbuffet können Sie die Suppe in eine Terrine geben und mit einem Klecks Crème fraîche und gehackter Petersilie verzieren.

## Lachsforelle

*Zutaten:*
Suppengemüse
(Lauch, Möhren, Sellerie, Suppengrün)
etwa $^{1}/_{2}$ Liter Weißwein
Fischbrühwürfel
Füllung der Lachsforelle:
Petersilie
Dill
1 Zitrone

Den Fisch ausnehmen, mit Dill, Petersilie und dünn geschnittenen Zitronenscheiben füllen und von allen Seiten pfeffern und salzen. In einem Dämpftopf aus 50% Weißwein und 50% Wasser, dem Fischbrühwürfel und dem gewürfelten Gemüse einen Fond ansetzen. Den Fisch bei geschlossenem Deckel, je nach Größe 15-20 Minuten dämpfen. Wer keinen Dämpftopf besitzt, kann die gewürzten Lachsforellen einzeln in Alufolie einpacken und im Backofen bei etwa 180 Grad Umluft 15-20 Minuten garen lassen.

RIESLING
TROCKEN
ERZEUGERABFÜLLUNG
MOSEL SAAR RUWER 12.0% vol

## Gebratene Garnelen

*Zutaten:*
pro Person etwa 4 Garnelen
2 Knoblauchzehen
4 Schalotten
1 Bund glatte Petersilie
Weißwein
Olivenöl

*Zubereitung:*
Die Garnelen aus den Schalen lösen und die Därme entfernen. Die Knoblauchzehen abziehen und sehr fein hacken.

Das Olivenöl in einer Pfanne erhitzen, die Garnelen und die Zwiebeln ins heiße Öl geben und 3 Minuten braten, die Garnelen dabei wenden und leicht salzen. Den Knoblauch zugeben und bei mittlerer Hitze noch 1 Minute weiterbraten lassen.

Jetzt den Weißwein angießen, aufkochen lassen und die feingehackte Petersilie zugeben. Die Pfanne vom Herd nehmen und die Garnelen heiß servieren.

## Das festliche Weihnachtsmenü

*Fischpastete*
*Rehrücken mit Schalottensoße und Broccoli*
*Christmas-Cake*

### Fischpastete

*Zutaten:*

1 Kilogramm Fisch: Lachs oder Zander
4 – 5 Eier
800 g Crème double
1 Zitrone

*Zubereitung:*

Vor Beginn der Arbeiten an der Fischpastete alle Zutaten, auch den in Würfel geschnittenen Fisch, kurz ins Eisfach stellen.

Möglichst auch das Messer der Küchenmaschine und die Rührschüssel kühl stellen. Wenn die Masse gut gekühlt ist, verringert sich die Gefahr, daß die Pastete gerinnt. Den gewürfelten Fisch salzen und pfeffern und zusammen mit dem Saft einer ausgepreßten Zitrone in der Küchenmaschine grob zerkleinern. Die Eier nach und nach unter ständigem langsamen Rühren der Maschine beifügen. Wenn sich alle Eier vollständig mit der Masse verbunden haben, wird vorsichtig die Crème double zugefügt. Die Mischung wird dann in eine eingefettete oder mit Alufolie ausgelegte Kastenform gegeben. Die Form mit Alufolie bedecken, damit die Pastete nicht austrocknet. In ein hohes Backblech Wasser einfüllen und die Pastete im Wasserbad 3 – 4 Stunden bei 130 – 150 Grad backen.

*Dekorationsideen:*

Die Pastetenmasse mit einem Spritzbeutel zur Hälfte in die Form geben. Dann ein in Seetang eingewickeltes Seeteufelfilet in die Mitte legen und den Rest der Masse zufügen. Ein schönes Bild zeigt die Pastete auch, wenn gehackte Kräuter unter die Masse gegeben werden. Beim Anrichten ergibt sich eine ansprechende Dekoration, wenn mit einer Plätzchenform in der Mitte der Pastete ein Stern ausgestochen wird.

**Rehrücken**

*Zutaten:*
Rehrücken (je nach Personenzahl bemessen)
Olivenöl
Thymian
Lorbeer
Wacholder
für die Soße:
150 g Schalotten
für die Beilage
Broccoli (je nach Personenzahl bemessen)
Zironensaft
Mandelblätter

*Zubereitung:*
Den Rehrücken mit Olivenöl bepinseln, mit Thymian, Lorbeer, Wacholder, Salz und Pfeffer würzen.

Das Fleisch in Alufolie wickeln und etwa 20 Minuten bei 200 Grad im Ofen braten.

Für die Soße die Schalotten grob in Streifen schneiden. In einer Pfanne Olivenöl heiß werden lassen und die Schalotten andünsten. Den Bratensaft dazugeben und mit Rotwein abschmecken.

Den Broccoli in Salzwasser mit ein paar Tropfen Zitronensaft etwa 5 Minuten köcheln lassen und beim Herausholen sofort in Eiswasser abschrecken. Kurz in einer Pfanne mit warmer Butter schwenken und mit gerösteten Mandelblättern bestreuen.

*Dekorationsvorschlag:*
Ein Löffel Preiselbeeren und ein kleiner Tannenzweig.

**Christmas-Cake**
**- der englische Weihnachtskuchen**

Dieser Kuchen schmeckt an Weihnachten am besten, wenn er schon Ende November gebacken wurde.

*Zutaten:*
450 g Korinthen
200 g Sultaninen
175 g Rosinen
175 g kandierte Kirschen
75 g Zitronat und Orangeat gemischt
75 g Mandelblätter
350 g Mehl
$^1/_2$ Teelöffel Lebkuchengewürz
$^3/_4$ Teelöffel Zimt
1 geriebene Schale einer unbehandelten Zitrone
geriebene Schale einer halben unbehandelten Orange
275 g Butter
275 g dunkelbrauner Zucker
5 Eier, leicht geschlagen
3 Eßlöffel Brandy oder Cognac

*Zubereitung:*
Den Backofen auf 150 Grad vorheizen. Eine Kuchenform mit ca. 20 cm Durchmesser vorbereiten. Die Form leicht einfetten und mit Backpapier vollständig auslegen. Einen doppelten Streifen Packpapier ca. 4 cm höher als die Form außen an dieser festbinden, dies gibt dem Kuchen extra Schutz und verhindert das Anbrennen und Überbacken.

Die Korinthen, Sultaninen und Rosinen in eine große Schüssel geben. Die kandierten Kirschen vierteln, waschen und auf Küchenkrepp trocknen, dann diese mit dem Zitronat, Orangeat und den Mandeln in die Schüssel dazugeben. Das Mehl mit dem Lebkuchengewürz und dem Zimt in einer anderen Schüssel mischen.

In eine dritte Schüssel die Zitronen- und Orangenschale mit der Butter und dem Zucker geben und schaumig rühren. Die leicht geschlagenen Eier nach und nach zugeben und nach jeder Zugabe gut durchrühren. Dann mit einem großen Metallöffel das Mehl nach und nach unterheben. Unter diese Masse 2 Eßlöffel Brandy oder Cognac geben. Zum Schluß die restlichen Zutaten zufügen und vermengen. Die Masse in die vorbereitete Backform füllen und glattstreichen.

Auf 150 Grad in der Mitte des Ofens ca. 3 – $3^1/_2$ Stunden backen. Nach dieser Zeit mit einer Nadel prüfen, ob der Kuchen fertiggebacken ist. Aus dem Ofen nehmen und 30 Minuten in der Form abkühlen lassen. Vorsichtig herausnehmen, Papier entfernen und auf dem Kuchengitter ganz kalt werden lassen. Den Kuchen stürzen und mit der Nadel einige wenige kleine Löcher stechen und den restlichen Eßlöffel Brandy oder Cognac darübergießen. Danach den Kuchen zuerst in Backpapier und zusätzlich in Alufolie einschlagen. Vor dem Servieren kann man den Kuchen mit kandierten Früchten garnieren.

**Das leichte Weihnachtsmenü**

*Bouillon mit Eierstich*

*Räucherlachs-Tatar auf Kartoffelpuffern*

*Birnen auf Blätterteig*

## Bouillon mit Eierstich

*Zutaten:*

Für die Bouillon:

800 ml Rinderfond

0,1 l weißer Portwein

Muskat, Salz, Pfeffer, Basilikumblätter

Für den Eierstich:

2 Eier

125 ml kalte Milch

Salz, geriebene Muskatnuß

*Zubereitung:*
Die Eier werden mit der Milch, etwas Salz und Muskat verquirlt. Die leicht schaumige Mischung wird in ein gefettetes Gefäß gefüllt, das mit Alufolie verschlossen wird. Die Form in einen Topf mit kochendem Wasser geben und bei geschlossenem Deckel etwa 30 Minuten garen lassen. Wenn die Masse fest geworden ist, kann sie gestürzt werden.

In Würfel geschnitten ist der Eistich eine schmackhafte Einlage für eine Fleisch- oder Hühnerbrühe. Wahlweise kann 1 Eßlöffel fein gehackte Kräuter mit den Eiern geschlagen werden.

## Räucherlachs-Tatar auf Kartoffelpuffern

*Zutaten:*
400 g Räucherlachsscheiben
2 Limetten
1 Bund Dill
1/2 TL Koriandersamen
200 g saure Sahne
1 Teelöffel Dijon-Senf

*Zubereitung:*
Den Räucherlachs sehr fein würfeln oder in Längsscheiben schneiden. Die Schale einer Limette abreiben und beide Limetten auspressen.

Den Dill waschen, trockenschütteln und die Spitzen hacken. Den Lachs mit etwas Dill mischen und mit zerstoßenem Koriandersamen abschmecken. Die saure Sahne mit dem Limettensaft und der Limettenschale glattrühren, Dill und Senf unterrühren und mit Salz abschmecken. Den Lachs auf den Kartoffelpuffern verteilen, die Sahne darüberträufeln und mit Dillspitzen garniert servieren.

## Birnen auf Blätterteig

*Zutaten:*
Blätterteig
pro Portion eine halbe Birne
für den Fond:
500 g Zucker
1 Stange Zimt
1 aufgeschnittene Vanilleschote
Saft von $1^1/_2$ Zitronen
zum Bestreichen:
1 Eigelb
2 Eßlöffel Milch
Birnen- oder Aprikosengelee

*Zubereitung:*
Aus einem Karton eine Birnenform ausschneiden, die etwas größer als die verwendeten Birnen ist. Die Form auf den dünn ausgerollten Blätterteig legen, mit einem spitzen Messer ausschneiden und den Teig auf dem Backpapier verteilen. Kühl stellen.

Aus $1^1/_2$ Liter Wasser, 500 g Zucker, 1 Stange Zimt und der aufgeschnittenen Vanilleschote den Fond aufsetzen. Die Birnen schälen (den Stil dranlassen), halbieren und das Kerngehäuse entfernen. Die Birnen im Fond pochieren. Da sie nicht gleichmäßig weich werden, wenn ein Teil der Frucht über der Wasseroberfläche schwimmt, sollte ein Teller auf die Birnen gelegt werden. Nachdem die Birnen bißfest gekocht wurden, nimmt man den Topf vom Herd und läßt die Birnen im Sud erkalten. Die Birnen abtrocknen und vom Stil ausgehend in Fächerform einschneiden und auseinanderschieben. Die Birnen auf die vorbereiteten Blätterteigformen legen. Eigelb und Milch verrühren und damit den überstehenden Blätterteig bestreichen. Im Backofen bei 175 Grad Umluft 10 Minuten backen, dann die Temperatur auf 150 Grad Umluft reduzieren und weitere 10 Minuten backen lassen. Die Birnen aus dem Ofen nehmen und mit dem Gelee bestreichen. Als Beilage zu den Birnen auf Blätterteig eignet sich Vanilleeis, Amarettosahne oder eine Mandelsoße.

*Der schönste Aufenthaltsort in der Weihnachtszeit ist die Küche. Den ganzen Advent hindurch ist sie der Treffpunkt zum Plätzchen backen, Geschenke verpacken oder zur Vorbereitung des Adventstees.*

# DER BAUM

In unseren Weihnachtserinnerungen nimmt der Christbaum mit seinem alles überstrahlenden Glanz einen besonderen Platz ein. In vielen Ländern gilt er als Symbol für das Weihnachtsfest schlechthin. Uns fällt es heute schwer, sich vorzustellen, daß er vor nicht allzu langer Zeit außerhalb Deutschlands noch fast unbekannt war.

Die Heimat des Christbaumes ist das Elsaß. In der Gegend um Straßburg hat er sich aus einer mittelalterlichen Tradition heraus entwickelt, die ihre Wurzeln im religiösen Leben der Weihnachtszeit hatte. Ein Bestandteil der kirchlichen Feierlichkeiten war es, den Sündenfall im Paradies nachzuspielen. Mit Äpfeln geschmückte grüne Zweige symbolisierten den Paradiesbaum, der dank des Opfers Jesu wieder Früchte tragen darf.

Die Elsässer schmückten in der Vorweihnachtszeit nach einem alten germanischen Brauch ihre Häuser mit Tannenzweigen. Das Immergrün symbolisierte für sie Schutz und Stärke. Ungefähr ab dem 17. Jahrhundert begannen sie damit, den Tannenschmuck und die Äpfel des Paradiesbaumes zu kombinieren. Weitere christliche Symbole ergänzten diesen Schmuck. So die Papierrosen als Symbol für die Rosen vom Zweig Jesse, an die auch das Weihnachtslied "Es ist ein Ros entsprungen" erinnert. Die Kerzen des Weihnachtsbaumes verkünden die Botschaft Jesu: "Ich bin das Licht der Welt."

Der schon vor dem 17. Jahrhundert beliebte Brauch, die Kinder zu Weihnachten mit Geschenken und Süßigkeiten zu erfreuen, wurde durch den Baum und seinen Schmuck mit Naschwerk noch verstärkt. So hat auch der Christbaum dazu beigetragen, daß Weihnachten heute ein Fest ist, bei dem sich alles um die Kinder dreht. Erst im 19. Jahrhundert gewann der Weihnachtsbaum über Deutschland hinaus an Bedeutung. Deutsche Emigranten verbreiteten den Brauch in vielen Teilen der Welt.

*Die Glaskugeln*

Die heute nicht mehr wegzudenkenden Glaskugeln gehörten nicht zum ersten Schmuck der Weihnachtsbäume, sie entwickelten sich erst aus dem Apfelschmuck. Aus dekorativen Gründen wurden die Äpfel in Goldfolie eingewickelt. Später wurden in Nachahmung dieser Optik die ersten Glaskugeln produziert.

Zu den Kugeln, die mit ihrem Glanz die ganze festliche Pracht spiegeln, kamen weitere aus Glas gefertigte Motive hinzu: Vögel, die ersten Frühlingsboten und Fische, das Symbol der christlichen Gemeinde. Auch zur Krönung des Baumes bieten sich zahlreiche dekorative Elemente an. Rauschgoldengel in Kombination mit einer Krippe unter dem Baum oder kunstvoll gefertigte Silberspitzen sind sehr beliebt. Auf Weihnachtsmärkten und in Dekorationsgeschäften kann die eigene Sammlung durch antiken oder neuen Schmuck ergänzt werden. Sehr schön ist es auch, alte Wachsengel, Holzgeschnitztes oder alte Glasbläsereien aus dem Familienerbe zu nutzen.

Früher Christbaumschmuck stellt heute begehrte Sammlerobjekte dar. Die ersten, einfacheren Arbeiten - in einer Wickeltechnik oder aus Pappe hergestellt und später vergoldet oder versilbert - sind leichter zu finden und preiswerter zu erstehen als die antiken Glaskugeln, deren Preise bei etwa 75 DM anfangen und bis in astronomische Höhen gehen. Es ist aber nicht immer leicht, antike Stücke von neueren Produktionen zu unterscheiden, da auch heute noch verschiedene Glasfabriken klassische Motive und Herstellungstechniken verwenden.

Ein erster Hinweis auf die Zeit der Herstellung ergibt sich daraus, daß neuere Glaskugeln zumeist eine glänzendere Oberfläche und kräftigere Farben aufweisen. Häufig fehlen ihnen auch die filigranen Details, die aus den antiken Stücken wahre Kunstwerke machen. Auch der Verschluß und die Befestigungsart der Kugel geben Hinweise auf den Produktionszeitraum. Hier ist aber besondere Vorsicht geboten, denn die Kugeln werden nicht unbedingt mit ihrer Orginal-Aufhängung angeboten. Wer Glaskugeln sammeln will, muß lernen, die Kugeln auch nach ihrem Gewicht und ihrer Patina zu beurteilen.

Die antiken Objekte sollten niemals gewaschen, sondern nur mit einem weichen Pinsel gereinigt werden. Außerdem empfiehlt sich für ihre Lagerung eine Umgebung ohne größere Temperaturschwankungen. Der Dachboden oder der Keller schließen sich so als Aufbewahrungsorte aus.

Eine meiner Sammelleidenschaften: Christbaumkugeln mit Engelsmotiven.

*Christbaumschmuck einkaufen*

Antiken und neuen Weihnachtsbaumschmuck kann man in Dekorationsläden oder auf den Weihnachtsmärkten erstehen. Der Besuch eines Weihnachtsmarktes in stimmungsvoller Umgebung - etwa auf einem mittelalterlichen Markt - kann in der Adventszeit zu einem sinnlichen Erlebnis werden. Aufgrund ihrer wunderschönen historischen Kulisse sind beispielsweise die Weihnachtsmärkte in Lübeck, Dresden, Nürnberg, Rothenburg ob der Tauber, Trier, Köln, Bremen und Hamburg allemal einen Besuch wert. Wer besondere vorweihnachtliche Eindrücke mit nach Hause nehmen möchte, sollte einen Abstecher zu unseren Nachbarn unternehmen. In Brüssel lockt ein außerordentlich stimmungsvoller Markt, der neben seinem großen Warenangebot die Besucher mit frischen Backwaren, Glühwein und würzigen Düften weihnachtlich einstimmt.

*Die Auswahl des Baumes*

Die Entscheidung für eine bestimmte Baumart fällt angesichts des umfangreichen Angebotes nicht immer leicht. Der in Deutschland am häufigsten genutzte Weihnachtsbaum ist die Rotfichte, die wegen ihres günstigen Preises gekauft wird. Der entscheidende Nachteil dieser Baumart ist: Spätestens nach ein bis zwei Wochen in der Wohnung beginnt sie zu nadeln. Gleiches gilt für die Blaufichte, die als der kostbarste und teuerste Weihnachtsbaum gehandelt wird. Eine längere Haltbarkeit, etwa zwei bis drei Wochen, haben die Weißtanne und die duftende Douglastanne. Am längsten in der Wohnung hält sich die Nobilistanne.

*Die Weihnachtsengel feiern alljährlich ihre Wiederauferstehung aus ihren wattegepolsterten Ruheschachteln.*

Auch Kiefernarten finden als Weihnachtsbaum Verwendung, wobei die Schwarzkiefer sich besonders gut eignet. Zur Probe der Frische sollte der Baum aus geringer Höhe auf den Stamm fallengelassen werden. Verliert er dabei nur wenige Nadeln, ist er relativ frisch geschnitten.

Grundsätzlich ist zu entscheiden, ob ein geschnittener Baum oder ein Baum mit Wurzelballen gekauft werden sollte. Ein Baum, der später noch gepflanzt werden kann, wirkt in einem dekorativ gestalteten Topf sehr ansprechend und bleibt über Wochen schön. Eine sehr attraktive Alternative zum Kauf der im Handel üblichen Bäume besteht darin, sich in einem örtlichen Forstbetrieb anzumelden und mit Freunden oder der Familie einen Baum selbst zu fällen. Besonders gut halten sich die Bäume, wenn mindestens eine Frostnacht vor dem Schlagen liegt.

Unabhängig davon, für welche Baumart die Entscheidung fällt, ist es besonders wichtig, mit den richtigen Maßen an die Auswahl zu gehen. Die Höhe des Zimmers, in dem der Baum stehen soll, wird häufig falsch eingeschätzt. Auch die Übereinstimmung der Breite des Baumstammes und des Baumständers sollte nicht dem Augenmaß überlassen werden. Wenn am Heiligabend plötzlich auffällt, daß der Baum nicht in das Zimmer oder nicht in den Baumständer paßt, ist der Familienfrieden schnell dahin.

*Die Behandlung des Baumes*

Bis Heiligabend sollte der Baum kühl und feucht stehen - am besten auf dem Balkon oder der Terrasse. Bevor er ins Wasser gestellt wird, ist es ratsam, das Stammende anzusägen und die Rinde in der Höhe des Christbaumständers abzuschälen. So kann der Baum das Wasser besser aufnehmen. Auch mit einigen Tropfen Glyzerin (aus einem Reformhaus oder einer Apotheke), die in das Wasser gegeben werden, kann die Lebensdauer des Baumes verlängert werden.

*Ein frohes Fest wünscht Ihnen*

Brigitte von Boch